JN125063

オイカワヒロコ
Oikawa Hiroko

オイカワ流

ミニネタ
保健教育

東山書房

カバー・表紙デザイン　小川恵子（瀬戸内デザイン）
カバー・表紙イラスト　Igloo*dining*

まえがき

　養護教諭人生の最終ポイントがみえてきた頃、『健康教室』での３回目の連載をすることになりました。１回目は手さぐりでがむしゃらに突き進んだ保健教育、２回目は食わず嫌いで手をつけてこなかった保健学習への取り組み、どちらもカッコ良く言えばオリジナル。正確には『当たって砕けろ（の覚悟）、とりあえずやってみた記録』です。あまり実践記録がない分野なので、たたき台になってお役に立つのなら、という気持ちでした。

　そして３回目は退職前だったので、集大成になるような連載にしたかったのです。でもそれは大きな実践記録、とは逆に『使い勝手のいいミニネタ』になりました。安心して楽しんで試したくなるような種（ネタ）をパラパラと蒔けたら、読んでくださったお仲間の中で芽が出たり花が咲いたり、根づいて新種に変化したりするのでは、と期待しました。

　当初はいろいろなジャンルのミニネタをシャッフルして、毎月何が飛び出すかお楽しみ！　びっくり箱のようにしたいと企画しました。ここも授業を作る前の『うみの苦しみ』と同じです。構想・構成が固まるまでに相当悩み苦しみました。最終的にはシリーズ化したほうが使い勝手がいいだろうと落ち着きました。正解だったと思っています。びっくり箱もオイカワらしくて捨てがたかったですが (^_-)- ☆

　退職とともに連載を終了！　の予定が『もれネタ』の追加になりました。どれも愛おしいネタたちだったので、紹介できて良かったと思っています。

　それでは、寄席の出囃子♪とともにオイカワ渾身のミニネタをお楽しみください。

オイカワヒロコ

目次

chapter03　心シリーズ ………………………………… 113

イラスト：オイカワヒロコ

オイカワ流 ミニネタのアイデア
お届けしまーす♪

　♪出囃子が聞こえてきそうなアイデア集（笑）♪
どんな内容にしよう、そう考えていたときに降りてき
たのが左のイラストです。コレだ！ と一気に描きまし
た。タイトル画が原稿のイメージでありテイストになっ
ていきます。ちょこっとめくって、のぞいてみたら、
えへへ、楽しい！　そんな一冊をめざしますので、お
つきあいよろしくお願いいたします。本書はオイカワ
が月刊『健康教室』に執筆した3回目の連載をまとめ
たものです。まずは、Part 1・2の連載を振り返ります。

2003年〜2004年

　『健康教室』に小さく載っている「実践
を紹介してください」「ほけんだよりを送っ
てください」という呼びかけを見て図書
カードでももらえたら嬉しいなあ、と1年
分の実践記録を送ったのがきっかけです。
600人規模の学校で年間80時間近く授業
をしていました。養護教諭が授業をすると
いう概念があまりない時代で、担任の先生
の警戒心（？）を解くのが一番の苦労でし
た。1日来室80〜100人、保健室登校有
りの学校状況、それなのに保健室を空けて
授業に行かせてもらいました。警戒心を解
く苦労はしたけれど、オイカワ流に巻き込
まれてくれた先生方がバックアップしてく
れたんですね。ありがたかったなあ。

2008年〜2010年

　初めて小規模校に転任。この学校でしか
できないことを探そうと模索し、食わず嫌い
でやったことがなかった保健学習にトライ！
1〜2年生の保健教育に加え、3〜6年生の
保健学習を試行錯誤で実践しました。教室
での子どもたちの姿、成長を見ることができ
たのでとても有意義で楽しかったです。授業
はすべて保護者に公開、お子さんのいるクラ
スに限らず、たくさんの保護者が見に来てく
れました（高学年の性教育ってどんなことする
のかしら、1年生にたばこをどうやって教える
のかしら、という感じです）。仕事で参観で
きない方からボイスレコーダーを預かったこと
もありました。オイカワ流に巻き込まれてくれ
た保護者の応援が大きな力になりました。あ
りがたかったなあ。

学校を異動するたびに学校規模や職員集団、児童の実態などでできることが変わってきます。単学級の小規模校から異動した学校は支援級を入れて21学級、500人規模でした。着任してからアンテナをピリピリとさせ、結構もがいてみましたが、やはり前の学校でやってきたことがそのままはできませんでした。そこで、自分の中で大改革！　固定観念を破り捨てたら、あらまあ、なんてことでしょう、気持ちが軽くなり現任校でやりたいことが見えてきました。名付けて『**デリバリー方式、お取り寄せも可**』。

- ●持ちネタをジャンル別に分類し健康教育をメニュー化する
- ●注文が入ったら学年、学級のニーズに応え授業を届ける
- ●メニューになくても持ちネタ加工でお取り寄せ対応
- ●お声のかからない不人気メニューは取り下げる
- ●実態に応じて新作メニューを投入、ニーズがあれば定番メニューに昇格

4年間の実績は（2017．2学期まで）

	メニュージャンル				使用した時間			
	性	心	リズム	薬物	学活	保健	道徳	理科
2014	14	11	0	5	10	19	1	0
2015	11	3	0	9	11	0	0	12
2016	8	6	3	6	11	0	9	3
2017	16	0	0	2	6	2	3	7

「6年間を通し計画的におこなう」
「学年3クラスに同じ学びを提供する」
このしばりを守ると手も足も出ない
あのクラスにまだこれをやっていない
早く早く、やっつけちゃって、次に次に
追われるだけの日々になり
担任に時間をクレクレと妖怪のようにしがみつく
自分で自分の首をしめてしまう
養護教諭人生を閉じる最後の学校
こんな自由な養護教諭がいてもいいかなって
腹をくくり潔く『しばり』を手放しました

『**デリバリー方式、お取り寄せも可**』は、みなさんにおすすめできるかというと…（^-^;こんなやり方もあるというご紹介だけにしておきます（かなり特殊ですものね）。ちなみに2017年度のお取り寄せは5年生道徳で「ジェンダー・LGBTと人権〜自分らしさってなに〜」というテーマで2クラスに3本の新作メニューを提供しました。

❦ 健康教育計画　保健教育メニュー ❧

★保健室を空ける都合上、時間はご相談の上とさせてください。下記以外のご希望内容もご相談ください。

		内容	関連教科・実施学年	45分	ショート	学級	学年	保護者
性・いのち	1	おへそのひみつ おへそのお仕事なあに？	生活科・理科・道徳 低・中・高	○	○	○	△	○
	2	おなかの中の赤ちゃん どうやって育つのだろう	生活科・理科・道徳 低・中・高	○	○	○	△	○
	3	赤ちゃんのなぞ 赤ちゃんは不思議がいっぱい	生活科・理科・道徳 低・中・高	○	○	○	△	○
	4	おかあさん体験 妊婦さん体験、新生児抱っこ	生活科・理科・道徳 低・中・高	○	×	○	△	○
	5	いのちにありがとう 赤ちゃんになって一言	生活科・道徳 低・中・高	○	△	○	△	○
性・からだ	6	女の子のエチケット 初経のしくみと手当て、入浴指導	保健学習・道徳 4年以上	△	○	○	○	○
	7	男の子のエチケット 精通のしくみ、入浴指導	保健学習・道徳 4年以上	△	○	○	○	○
	8	からだの中をたんけん おなかの中の男女の違い	理科・道徳 中・高	○	○	○	△	○
	9	成長したわたし いろんな成長があるんだよ	保健学習・道徳 中・高	○	○	○	×	○
	10	エイズを知ろう どんな病気なんだろう	保健学習・道徳 高学年	○	○	○	△	○
	11	もっと知りたい自分のこと 思春期の悩み　LGBT	保健学習・道徳 高学年	○	×	○	◎	○
心	12	心ってなあに？ どこにある？どんなしくみ？	保健学習・道徳 中・高	○	○	○	×	○
	13	心をつかって言いかえよう 優しい気持ちで言いかえると…	保健学習・道徳 中・高	○	○	○	×	○
	14	あなたはカウンセラー 悩みに心をつかってこたえよう	保健学習・道徳 中・高	○	○	○	×	○
	15	○○ってなかなかだ ともだちのいいところを探そう	保健学習・道徳 中・高	○	○	○	×	○
	16	みんな違うんだね 違って当たり前、だから…	保健学習・道徳 中・高	○	○	○	△	○
	17	言いかえ　あるある なんて言ったらよかったのかな	保健学習・道徳 中・高	○	○	○	×	○
	18	心のストレス解消法 心をゆるゆるっとさせよう	保健学習・道徳 中・高	○	○	○	△	○
生活リズム・健康	19	ウンチは健康のバロメーター いいウンチをすっきり出そう	保健学習・道徳 低・中・高	○	○	○	△	○
	20	すいみんは大事なの？ 寝る子は育つって本当かな	保健学習・道徳 低・中・高	○	○	○	△	○
	21	わたしの生活リズム 一日を振り返ってみよう	保健学習・道徳 中・高	○	○	○	×	○
	22	いのちを守るしくみ 自然治癒力、免疫力をさぐる	保健学習・道徳 低・中・高	○	○	○	△	○
	23	病気ってなに？ どんな病気があるんだろう	保健学習・道徳 高学年	○	○	○	△	○
	24	風邪の予防 みんなにできる予防法	保健学習・道徳 低・中・高	○	○	○	△	○
	25	おいしく健康 プラプラスーパーフード	保健・家庭科・道徳 高学年	○	○	○	△	○
	26	好き嫌いランキング どういう食べ方がお得かな	保健・家庭科・道徳 中・高	○	○	○	△	○

◎…最適　○…適　△…できなくもない　×…不適

		内容	関連教科・実施学年	45分	ショート	学級	学年	保護者
ケガ	27	ケガゼロ！学校パトロール ケガの多い場所はどこだ？	保健学習・道徳 低・中・高	○	○	○	×	○
	28	ケガの手当て　できるかな つきゆび、トゲ、鼻血…	保健学習・道徳 中・高	○	○	○	△	○
歯科指導	29	6歳臼歯はえたかな 6歳臼歯の特徴、みがき方	保健学習・道徳 低学年	○	○	○	△	○
	30	おとなの歯、子どもの歯 どうやってはえかわるのかな	保健学習・道徳 低・中	○	○	○	△	○
	31	むし歯よりこわい　歯周病	保健学習・道徳 中・高	○	○	○	△	○
たばこ・お酒	32	たばこの煙って毒なの？ 副流煙の害	保健学習・道徳 低・中・高	○	○	○	△	○
	33	お酒とわたしの関係は？ 身近にあるお酒	保健学習・道徳 高学年	○	○	○	△	○
	34	NOという勇気 上手な断り方を覚えよう	保健学習・道徳 高学年	○	○	○	△	○
シナリオ仕立て	35	新米パパの悩み いのちの学習＋たばこの学習	保健学習・道徳 低・中・高	○	○	○	○	○
	36	○○家のリビング 食事の後についたばこを…	保健学習・道徳 低・中・高	○	○	○	○	○
	37	クイズたばこにQ 今日はクイズの収録です！	保健学習・道徳 低・中・高	○	○	○	○	○
	38	ここは禁煙席です 英語＋たばこの学習	保健学習・道徳 低・中・高	○	○	○	○	○
	39	たばこ博士にきいてみよう たばこの害を知ろう	保健学習・道徳 低・中・高	○	○	○	○	○

★道徳の時間を使い、各学年の道徳のねらいに合わせた内容で実施できます。

オイカワの考えるミニネタとは

子どもたちの発達段階や実態に合わせ
「なんでだろう」「へえ、そうなんだ」「わかった」
「楽しい！」「もっと知りたい」と思えることを
短時間でポイントをしぼり、伝え、つみ重ねていくこと
健康に関係すること、身体や命に興味を持つこと
小さなピースのつみ重ねが子どもたちの
『生きる力』になっていくと信じています
45分や50分の1コマ授業が取れなくても、
すき間を見つけてやって損はない！
きっといつか生きる力になって子どもたちの役に立つ！

『誰でも試してみたくなる』『お手頃な感じで取り組みやすい』がポイントです。ちょっとやってみようかな、やったら楽しかったな、とたくさんの方のお役に立てたら嬉しい！　です。ここに掲載した実践済みメニューの授業を活用しやすいミニネタの形にしてお届けしていきま

す。1つの授業をいくつかのミニネタに分割したり、別の授業と合体させて新たなミニネタに変身させたり、（こんなことを言うのはおかしいですが）原稿を書くのがワクワク楽しいです。さあ、次章から何が飛び出すかお楽しみに (^.^)/~~~

MINI-NETA hoken-kyoiku!!

ミニネタ

オイカワ流 Part 3

保健教育

イラスト：オイカワヒロコ

chapter01

赤ちゃんシリーズ

赤ちゃんシリーズとは

　母性本能過剰体質のオイカワが、母性のおもむくままに作ったネタのオンパレードです。ばあばになってからは、職場のかわいい娘や息子（先生たちですよ〜）がパパやママになるのも孫が増える気持ちで嬉しく、それを生きたネタにしてまた授業を重ねていきました。

　性教育のくくりより、道徳的な『いのち』の学習が色濃いかもしれません。あるときは完全に理科だよなあ、というネタもあります。

　『赤ちゃん』をキーワードに、その周囲にいろいろな気づきや興味関心、好奇心を巻き込んでスパイラルに広げていったのが赤ちゃんシリーズです。

　コロナで心が折れたときに立ち上がらせてくれたのも、職場のかわいい娘ゆき先生とおなかの赤ちゃんと一緒に作った『ゆき先生の赤ちゃん』でした。

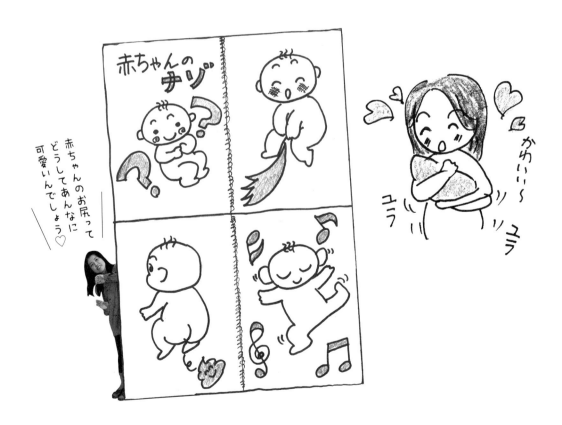

赤ちゃんシリーズ①
おへそのお仕事なあに？

手持ちのネタをみなさんのお役に立つようミニネタに加工してお届けする企画ですが、さあ、1本目が決まらない。悩んだ末に、一番長くやっていて、くすまず、自分も大好きな熟成ネタに決めました。11回続く赤ちゃんシリーズです。

記録を引っ張り出してみると30年近く繰り返しやっていました。対象は小1から高学年、保護者、新採用教員、養護教諭養成課程の学生さんまで様々です。時間も学級活動、生活科、総合、道徳、理科、国語など様々です。つまり幅広い層に長く愛され続け、応用範囲も広い熟成ネタということです。

赤ちゃんシリーズで実施した20年以上前のなつかしい授業の風景写真です。

写真1　おなかの中の赤ちゃんは

写真2　こうやっておへそができたんだよ

写真3　誕生の頃の話をしてくれるお母さん

写真4　おへそのある動物ない動物

小学校低学年向けのタイトルがついていますが、中学校や高校でも楽しめるはずです。どうぞ、みなさんの校種に合わせてアレンジして試してください。

赤ちゃん人形をだっこするお母さんたちは、無意識に背中をトントンしていました（＊＾。＾＊）

赤ちゃんシリーズ①

〜おへそのお仕事なあに？〜

＠みんなが持っている、毎日見ているおへそ。なのに意外と知らないおへそのこと。身近なものの『なぜ？なるほど！』はとても楽しい発見になる。おへその仕事を入り口に命の不思議に発展していく。

働きかけと流れ

導入 2分		今日はからだの勉強をするよ。からだにはどんなものがあるかな。どんなお仕事をしているかな。 目…物を見る　涙が出る　ウインクする 鼻…息をする　匂いをかぐ　鼻水が出る 髪の毛…頭を守る　のばしたり編んだりおしゃれする などなど、この程度でOK
展開❶ 3分		からだにはいろいろなものがあってみんなお仕事をしているんだね。ところで「おへそ」はどんなお仕事をしているのかな。 ●考えたこともなかった！　という雰囲気であまり出てこないことが多い。その場合は班や近くの人と相談させ、1つか2つは考えてね、と振る。 ●考えた働きを発表してもらう。出た意見は書き出して共有する。「おなかのガス抜きをする」「おへそのゴマを作る」などが予想される。 ●『へその緒』などおへその成り立ちに関係する言葉が出てきたらキーワードとして後で取り上げる。
展開❷ 5分		それではおへそのお仕事を紹介するよ。それにはおへそがどうやってできたかが大事なんだ。まずはそこからお話しするね。 ●胎内の赤ちゃんの様子がわかる教材を提示する。 ・赤ちゃんのおなかからへその緒という管が出て胎盤というものにつながっている。 ・胎盤は赤ちゃんに必要な栄養や酸素があるタンクのようなもの。 ・栄養や酸素はへその緒を通して赤ちゃんに運ばれる。 ・赤ちゃんは生まれると自分で呼吸もするしおっぱいやミルクで栄養をもらえる。栄養タンクもへその緒も仕事が終わり、切り離される。 ・短く切られたへその緒は一週間くらいでかさぶたのようになり取れる。 ・取れた跡を見ると…おへそだ！　おへそはこうやってできる。 ●おへそは『今はお仕事をしていない』『おなかの中にいたとき、へその緒で胎盤とつながっていた証拠』これが答え。 ●じぶんのおへそとお母さんのおへそがつながっていたって思っている人がとっても多い。 　じぶんのおへそとつながっていたのは『胎盤』だよ。

☆流れや教材の説明は最低限の言葉をコンパクトに載せています。ネタに使える時間に合わせて説明を追加し、使い勝手がいいように加工してください。

おスメは **スケッチブック** 利用
教材の絵や資料をどんどん追加していきます

一枚めくると答えの絵が出てきます

裏には説明やちょっとした知識をコピーして貼っておくので見ながら説明できます。カンペですね

⑦はちょこっと指導アイテムとして

スケッチブック使っています

画用紙ならこんな感じで描きます
絵が苦手な人はイラスト集などを利用しましょう

裏に板磁石をつけると黒板に貼れてホワイトボードや黒板に貼れて便利です

オイカワは黒板やホワイトボードに即興で絵を描くこともありますが、画用紙（板目など丈夫で厚目がおすすめ）やスケッチブックで準備しておくと次回もそのまま使えて便利です。特にスケッチブックはどこでもちょこっと持ち歩いてちょこっと見せながら指導できるので重宝します。

身長(しんちょう)　まっすぐ　身長はどうやってのびるの？　せなか　おしり　かかと

実物利用例　写真2参照

赤ちゃん人形

マジック

ぬいぐるみのお腹に⊗をマジックでかく これもあり！

写真1参照

絵が好きな人は子どもの目の前で描くと盛り上がります
出た意見など次々足していけます

お⊗のお仕事なあに？
サラサラ

油性ペンでおへそ×かかれるのどうかって？
ちょっとくすぐったくて嬉しいよ！
えへ　だってみんな喜んでくれるんだもん。

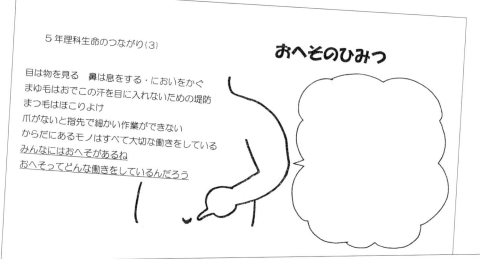

5年理科 生命のつながり(3)

目は物を見る　鼻は息をする・においをかぐ
まゆ毛はおでこの汗を目に入れないための堤防
まつ毛はほこりよけ
爪がないと指先で細かい作業ができない
からだにあるモノはすべて大切な働きをしている
みんなにはおへそがあるね
おへそってどんな働きをしているんだろう

おへそのひみつ

おへそのひみつ　　年　組　名前

からだにあるものはそれぞれ働きがある　　みんな大切な役目がある

👁 は

👀 は

👃 は

👄 は

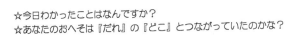

それではおへその
働き・役目って？

☆今日わかったことはなんですか？
☆あなたのおへそは『だれ』の『どこ』とつながっていたのかな？

このワークシートを拡大コピーして導入～展開
❶の部分で利用することもできます。子どもか
ら出た意見や反応を吹き出しや口に書き込んで
いきます。オイカワはこういう記録の裏などに年
月日と担任名などをメモしておきます。「去年の
〇年生はこんな答えをひねり出してくれたよ」
などと紹介したり、5年生理科でいのちの学
習をするときに1年生で残したこの記録を持
ち出して「1年生の時みんなはこんなことを
答えてくれたんだよ～」というのも楽しいです。

ここでの授業写真は拙著『オ
イカワ流保健学習のススメ』
の舞台となった学校です。
30代、若かったなあ～。こ
の時の卒業生がこの本の執
筆時の学校に保護者で複数いました。パパ
やママに「せんせい！」と声を掛けられます。
保健委員の仕事を劇で発表した際、背格好
がオイカワとほぼ一緒で私のワンピースを
着てオイカワの役をやったAちゃんも保護
者です。彼女の娘も保健委員さん。30年以
上仕事をするってこういうことですね。

ミニネタ No.02

赤ちゃんシリーズ②
おなかの中の赤ちゃん

　5年生理科単元「生命のつながり〜人の誕生〜」の授業をミニネタに加工してお届けします。理科担当は育休明けで復帰した先生です。その先生とは産休前に『先生のおなかの赤ちゃん』という道徳の授業を一緒に行いました。p.55に掲載のほけんだよりの裏面がその時の授業です。この単元の内容がその時の授業ととても深く関連していたので「あのときの授業を理科で一緒にやりたいです！」と注文が入りました。

使用した教材

理科で行った授業の様子。

　最初は1枚の画用紙に全部のパーツを描きこみ教材を作りました。でも、「胎盤てどこにくっつくの？」「赤ちゃんはどっち向いているのかな？」など子どもたちからの声があがり、これは一目で答えがわかる1枚ものではなくパーツに分けたほうが有効利用できるぞ！　と思いこの教材に進化しました。

この単元、理科の授業を行うのは3回目です。2回は前任校で今の学校では初めてです。理科室での授業は新鮮でちょっとワクワク。ワークシートを記入している間にグルグル歩いていろいろなパターンの児童をチェックします。そして指名し、黒板に描いてもらいます。

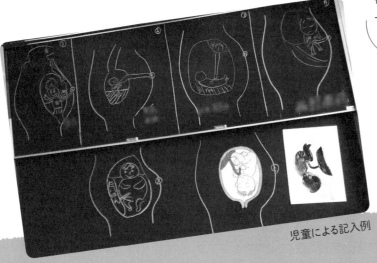
児童による記入例

赤ちゃんシリーズ②

～おなかの中の赤ちゃん～

@弟や妹が生まれる前、お母さんのおなかが大きくなっていくのを見てきた人はたくさんいる。お母さんのおなかの中で赤ちゃんが育つのもわかっている。じゃあ描いてみよう！　あれれのれ!?

	働きかけと流れ
導入 1分	 弟や妹が生まれる前や、親せきのお姉さんやおばちゃんが赤ちゃんを産む前におなかが大きくなったのを見たことある人？（挙手させる）ずいぶんたくさんの人が見て知っているんだね。そう、赤ちゃんはお母さんのおなかの中で育つんだ。 ・お母さんのおなかの中で赤ちゃんが育つぐらい知っているよ！　と思わせる。
展開❶ 2分	 では、お母さんのおなかの中で赤ちゃんはどんな様子で生活しているのかな、想像してみよう。 ・大きくなったお母さんのおなかの輪郭を見せる。 赤ちゃんだけでなく次の4つのものもあるんだよ。 ①子宮（しきゅう）…赤ちゃんのそだつふくろ ②羊水（ようすい）…子宮の中にあるお水 ③へその緒（お）…赤ちゃんのおへそから出ている管 ④胎盤（たいばん）…赤ちゃんのえいようがつまったタンク ・ここまで来てアレ？　自分は全部知らないかも…と思い始める。 ＊発達段階に応じて言葉を選び、ひらがな、ふりがなを工夫。 ←低学年用の例
展開❷ 5分	 それでは何人かにこのお母さんのおなかの絵の中に赤ちゃんと1～4を描いてもらおう。 ・希望者を3人ほど選び描いてもらう。 ・班やグループで協力して描いてもらう。 ・担任も描いてもらうと面白い。正確に描けない方が大半。 ＊子どもに描かせる流れだが、何パターンかの絵を用意し、挙手で選択させてもいい。
答え合わせ＆まとめ 2分	 答え合わせだよ（正解の絵を見せる）。 ポイントは4つ。みんなが描いてくれたものと見比べてみよう。 ①子宮が丸くおなかの中にある（お母さんのおへそや背中に半円で描かれることも多い）。 ②子宮内が羊水で満たされている（お風呂状態が多い）。 ③へその緒は赤ちゃんと胎盤をつないでいる（お母さんのおへそとつなげることが多い）。 ④胎盤は子宮内についている（お母さんのおへそにつけて描く人が多い）。 赤ちゃんは温かい羊水に満たされた子宮の中で育つ。赤ちゃんのおなかから出ているへその緒は胎盤につながっている。胎盤は赤ちゃんに必要な栄養や酸素があるタンクのようなもの。栄養や酸素はへその緒を通して赤ちゃんに運ばれる。みんなもこうやってお母さんのおなかの中で育ったんだよ。

スケッチブック教材は持ち運びができ、失敗したら破ってページを抜き、追加したかったらどんどん新しいページに描き足します。

メクリの効果も抜群です。この本を読んだ人の中にスケッチブック教材派が増えると嬉しいなあ。

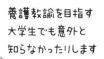

養護教諭を目指す大学生でも意外と知らなかったりします

2018年1月に養護教諭養成課程の大学生にこの授業を行いました。黒板利用の直描き例です。その時の答えは…。小学校低学年だけでなく中学生、高校生、大学生や大人まで知らなかったことを知り、ワクワク楽しめる授業です。

ほけんだよりは基本手描きの手書き。一目でオイカワのモノとわかります。月ごと、季節ごとの内容はあまり載せません。「ウチの学校の話だよ」「保健室で見つけたエピソードだよ」というココだけの超ローカルネタ満載です。そのネタの1つが授業です。どの学年で行っても全校に流します。こうすることで応援してくれる保護者の声が返ってきて授業がやりやすくなります。

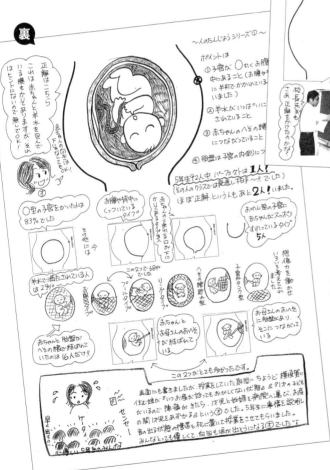

赤ちゃんシリーズ③
赤ちゃんのなぞ

　5年生理科単元「生命のつながり〜人の誕生〜」の授業をミニネタに加工してお届けします。この教材は30年近く前に廊下掲示用に作ったものです。今も画びょうの穴がしっかり残っています。反響が大きくみんな大好きだったので出世（？）して、壁から教室に出前に行くようになりました。

　この教材は鉄板中の鉄板ネタ。何年生でも保護者でも学生でも盛り上がります。一緒に授業をしている教員に振ると？ ((+_+)) ？となり、それも楽しみの一つになっています（性格悪いですねー）。ここでは2年生3クラス＋支援級合同、担任＋オイカワの5人でこの授業をしました。2児の父である教員も正しい答えがわからず、子どもたちと同じレベルで学び楽しみながら学習を進めました。

　教員はすべてわかった上で授業に臨まなければいけない？　オイカワはそうは思っていません。知らなかったことを子どもたちと一緒に知ることで、より授業に一体感が生まれます。なので、他の授業も一緒に授業をつくる教員に答えの部分は明かさず「受け答えもアドリブでお願いします」というふうにしています。それは、事前の打ち合わせやすり合わせの時間を削る効果もあります。

出した瞬間♪　わ〜きゃ〜と盛り上がるので快感。

パパママ教室のテキストを持っているように見せて全員シナリオを見ながら進めています。

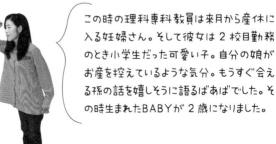

この時の理科専科教員は来月から産休に入る妊婦さん。そして彼女は2校目勤務のとき小学生だった可愛い子。自分の娘がお産を控えているような気分。もうすぐ会える孫の話を嬉しそうに語るばあばでした。その時生まれたBABYが2歳になりました。

～赤ちゃんのなぞ～

＠お母さんのおなかの中で赤ちゃんが育つのはわかっている。では、おなかの中の赤ちゃんの生活ってどうなっているんだろう。おなかの中でのことを覚えている人いないよね？

	働きかけと流れ
導入 1分	 赤ちゃんはお母さんのおなかの中で育つんだよね。おなかの中の赤ちゃんって不思議な力を持っているらしいんだけれど、覚えている人いる？ ・そうか、自分もお母さんのおなかの中で育った赤ちゃんだった！ 覚えていないけれど不思議な力ってなんだろう？ と思わせる。
展開❶ 5分	・教材を示す（まずここで視覚に訴え興味をひく）。 おなかの中の赤ちゃんのなぞ！ 今から赤ちゃんのなぞにせまっていくよ。クイズに答えてね。 **Q1 オシッコはしているのかな？** ・少しざわざわすると思うが、子どもが楽しんでいる状態なので待つ。 オシッコしていると思う人？ していないと思う人？（手を挙げさせる） ・ここで担任にも振ると面白い。 （答え方）おなかの中の赤ちゃんはオシッコをして～…… （ためて、子どもを見回す）～「いる！」 ・しばらくワーキャー騒がしいと思うが、子どもが楽しんでいる状態なので待つ。次ページを参照し解説をする。 **Q2 オシッコときたら次はウンチはしているのかな？** Q1と同様の展開
展開❷ 3分	まだまだ、赤ちゃんのなぞはあるよ。 ・答え方はQ1を参考にバリエーションを少しつけられるとよい。残り時間内でできる問題まで進めればヨシとし、全部を無理に出題しようとしない。 **Q3 耳は聞こえているのかな？** **Q4 羊水っていうお水の中にいて息はできているのかな？** **Q5 みんなは鉄棒にぶら下がったり逆立ちしたとき、どのくらい逆さでいられる？ 赤ちゃんは生まれる準備が始まると何日も逆さでいるんだって。なんで平気なんだろう？**
まとめ 1分	みんなだけではなく、先生もお母さんのおなかの中で育った赤ちゃんだったんだ。自分が覚えていないのに、赤ちゃんのときにこんな不思議な力を持っていたなんて、本当に不思議な気がするよ。 ・などなど、自分のことばで自分の思いを語ってもいいし、数人の子どもたちから感想を聞いて終わりにしてもよい。

赤ちゃんのナゾ

オイカワ おすすめのスケッチブックで作り始めた方は一間ずつ分けても楽しいですョ。イラストは見開きになっていますが、実際はめくると次の絵が出てくる形です。

赤ちゃんのお尻ってどうしてあんなに可愛いんでしょう♡

子どもたちはウンチ、オシッコの話が大好き。汚いわ〜と眉をひそめないでください。どちらも実体験としていろいろな場面を学んでいるからです。便秘の辛さ、いいウンチがスルリと出たときの気持ちよさ。我慢していたオシッコをしたときのスッキリした開放感。自分が知っているから身近で親しみがあるのです。それを教材にしない手はありませんよ！

暗くてあったかくてずっとそこにいたかったのに急にせまいところにおしつけられて苦くて…

2年生男子

2年生、生活科にからめてこの授業をやったとき急にこんな話を始めた男の子がいました。みんなもポカ〜ンときいていましたが「へぇ〜」「すご〜い」と受けとめていました。

びっくり

☆彼が高学年になった時、この話をしたら〜の場面も含め全く覚えていませんでした。不思議ですね。

Q1　オシッコはしているのかな？

A　羊水の中に排尿します。老廃物はへその緒を通して胎盤へ戻すので、赤ちゃんのオシッコは汚くありません。赤ちゃんは一日 500cc の羊水を飲みます。そして羊水の中に浮いている皮膚やカスや汚れを腸の中でこしとり、きれいにしてから 450cc のオシッコを出します。だから赤ちゃんのからだはろ過器の働きをしていることになります。羊水の汚れが腸内にたまって初めて出す便（胎便＝黒いウンチ）となります。

Q2　ウンチはしているの？

A　オシッコの中で答えているのですが、実質的なうんち＝老廃物はへその緒を通して胎盤へ戻すのでウンチは出ません。羊水の汚れが腸内にたまって初めて出す便（胎便＝黒いウンチ）となります。

Q3　音は聞こえるの？

A　5か月頃になると音を聞く器官ができてきて、話しかけられる声などが聞こえるようになります。一番よく聞こえるのはお母さんの血液の流れる音。

Q4　おなか（羊水）の中で息はできるの？　どうしているの？

A　へその緒を通して酸素をもらい呼吸しています。また、5か月の始め頃には肺の下にある横隔膜をぴくぴくさせて呼吸をします（ 30 回〜 70 回／1分　実際空気を吸う呼吸とは違います）。これがお母さんが感じる初めての胎動です。

Q5　後半ずっと逆さまになっていて頭に血が上らないの？

A　羊水の中は 37℃。涙のような（海水に近い）なま温かい水で満たされている無重力状態。どっちが上も下もなくて何も感じないんです。

ショートの指導だったら欲張らず Q1、Q2だけでもいいと思います。伝えたいことをたくさん詰め込むより、1つでも印象に残れば、それを積み重ねるほうが効果的です。その基本姿勢があれば内容の優先順位もつけられるし、時間に気を取られドキドキはらはらせずにすみます。時間が余ってしまったら数人から感想を聞けばすぐに埋まります。

赤ちゃんシリーズ④
へその緒を流れるのは誰の血？

5年生理科単元「生命のつながり～人の誕生～」の授業をミニネタに加工してお届けします。今回のメイン教材は月刊『健康教室』2006年5月号「ビジュアル探検：からだと健康の小宇宙（52）」をオイカワ流にアレンジしたモノです。

この資料を見た瞬間に「へえ～！ おもしろい！」と思いました。自分がおもしろいと感じるのだから、子どもたちも喜ぶに違いない！ と考え（外れるときもあります (^-^;)）、黒板に貼る形の教材に加工しました。多分、マンガやイラストの好きな方はみんなそうだと思うのですが、この瞬間に1枚の画用紙の中にイラストとしてポンッと思い浮かびます。そしてそれをそのままフリーハンドで描きます。描ける人はオリジナルで描けば楽しいし、

そうではない人は苦労して頑張ると時間もエネルギーももったいないです。イラスト集や得意な人を上手く利用しましょう。

オイカワは「大人の字」が書けません。特に縦書きには拒否反応が出ます。ペン字教材を買い込んで頑張った時期もありますが無理でした。「大人の字」が必要な場面では美しい字を書く同僚に頼むことにしました。みなさんも割り切って、時間とエネルギーは好きなことに使うようにしましょう！

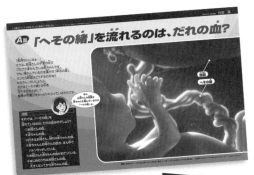

【出典】住田実〈連載〉
ビジュアル探検：からだと健康の小宇宙（52）「わくわく健康学・生命の誕生と神秘」（『健康教室』2006年5月号）

ミニネタ No.04 赤ちゃんシリーズ④

〜へその緒を流れるのは誰の血？〜

@おなかの中の赤ちゃんは、へその緒を通じてお母さんから必要なものをもらって育つのはなんとなく知っている。では、お母さんと赤ちゃんをつなぐパイプのへその緒に流れているのは誰の血なんだろう？

	働きかけと流れ
導入 1分	・子宮の中、へその緒で赤ちゃんと胎盤がつながっている教材を示す。 赤ちゃんはお母さんのおなかの中で育つんだよね。みんながご飯を食べて育つように、赤ちゃんはへその緒を使ってお母さんから必要なものをもらっているんだよ。 ・へその緒に着目させる。
展開 7分	・p.29 上の教材を示す（ここで視覚に訴え興味をひく）。 それではここで問題です！ 赤ちゃんと胎盤をつないでいるへその緒に流れている血は誰の血だろう？ **①お母さんの血…** お母さんの持っている栄養や酸素がお母さんの血にのって赤ちゃんに運ばれている。 **②赤ちゃんの血…** お母さんと血液型が違う人がいる。赤ちゃんは自分の血でお母さんのところまで栄養や酸素をもらいに行っている。 **③行きはお母さん、帰りは赤ちゃん…** 栄養や酸素はお母さんの血にのって運ばれて、いらないものを赤ちゃんの血にのせて返している。 **④真ん中が境界…** お母さん側はお母さんの血、赤ちゃん側は赤ちゃんの血。真ん中くらいで分かれている。 **⑤両方の血…** お母さんと赤ちゃんの両方の血が混ざりあって流れている。 **⑥初めはお母さん、そのうち赤ちゃん…** 赤ちゃんが小さくて血を作れない頃はお母さんの血、赤ちゃんが育って自分で血を作るようになると赤ちゃんの血。 うわ〜、どれも本物っぽい答えだね。近くの人と相談してもいいよ。1つ選んでね。さあ、答え合わせだよ。1つに決めて手を挙げてね。 ・p.29 上の教材の絵を一つずつ示しながら挙手をさせる（ここで視覚に訴え興味をひく）。
まとめ 2分	答えは…（ひっぱると盛り上がる）、②です‼（正解の子も外れた子も大騒ぎのはず） へその緒を流れるのは赤ちゃんが自分で作った赤ちゃんの血。へその緒は胎盤の中に入り込むと木の枝が大きく広がるようになる。その細いたくさんの枝にお母さんの血液が吹き付けられる。その瞬間、お母さんの血液の中から新鮮な酸素と栄養分を受け取る。胎盤の中では物凄いことが一瞬で起こっている。胎盤は良くないものが赤ちゃんに行かないようにバリアの働きもしている。でも、たばこの成分や一部の薬はバリアをすり抜けて赤ちゃんに届いてしまうんだ。赤ちゃんをたばこの煙から守らないとね。

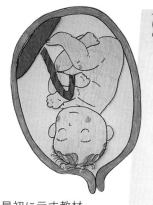

最初に示す教材。

p.27の住田実先生の教材を見てこの1枚の絵が頭に浮かび、そのままフリーハンドで描いて作った教材です。この作業がすごく楽しいんです♪

タイトルも思いついた言葉をフリーハンドで書いてしまうので、数文字書いたところで「あれ？ 書き切れないっぽいぞ」となり、2段になってしまいました。この教材にふさわしいタイトルを考え、空いているスペースを文字数で均等に割り、鉛筆で枠を書き下書きをしてからペン入れ。それができない人なんです、ワタシ。

スケッチブックで作るなら1枚ずつわけてかく

めくる

①お母さんの血 めくる ペラリ ②赤ちゃんの血

⑥まであるよ〜

えぇっ〜 これもこれも本物っぽいぞ〜

みんなあってそう〜

1回全部見せて考えさせる。2回目に見せる時にコレだ！と思ったところで手をあげてもらう。

本当に全部が正しいように思えます。授業に参加・参観している職員や保護者でも正解はめったにいません。だから楽しいし魅力的な教材になっています。一目見て「絶対に良い例」「絶対に悪い例」を並べ『どちらが正解でしょう？』というやり方は子どもにとって魅力がありません。

へぇ〜！ なるほど！ おもしろい！ と感じるアンテナを高くしていると楽しい教材が作れます。

29

「大人でない字」がコンプレックスでした。ペン字レッスンに申し込み、教材を買いましたが、努力不足か、きれいな大人の字が書けるようになりませんでした。学校にPCが導入された頃、手書きをやめようかと迷いました。「先生の字、好きだよー。絵みたいで」「この字を見るとすぐに先生だってわかるよ」と子どもたちに言われ、ふっきれました。オイカワの字は絵の一部。私らしさ。それ以来、開き直って堂々とお子ちゃま字でほけんだよりを書いています。

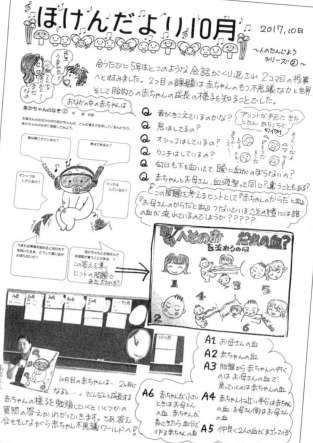

~人のたんじょう シリーズ②~ 「あかちゃんのなぞ」

崎梨先生の三男chanもエコー写真で登場。ちょうど4ヶ月目位のときですね。今は元気に保育園に通っています

先生方のエコー写真が生きた教材として協力してくれています。

こちらは、今、育児休暇中の白取先生の長男chanのエコー写真を団がリメイクしてわかりやすくしたものです

もう下を向いていました。

同僚のエコー写真はすてきな教材になります。定期健診のたびに大きくなる赤ちゃんを見てオイカワのばあばハートは孫の成長を見守る気分。エコー写真を提供してくれる同僚ともつながりが深まります。

へそのおを流れるのはだれの血？ ⇒ A2赤ちゃんの血

赤ちゃんのからだを流れる血は、赤ちゃんが自分で作った血です。『へそのお』の中も全て赤ちゃんの血です。赤ちゃんは『へそのお』をとおし生きるための酸素や栄養をお母さんからもらい、いらなくなったモノを返しています。赤ちゃんの血とお母さんの血がまざることなく 必要なモノだけ行ったり来たりできる すごいもの が胎盤です。そんな胎盤でもタバコの成分や一部の薬は とめきれず 赤ちゃんに影響することともあります。

赤ちゃんシリーズ⑤

赤ちゃんだっこ体験

5年生理科単元「生命のつながり〜人の誕生〜」の授業をミニネタに加工してお届けします。ミニネタ No.5 と No6 は子どもたちの大好きな体験モノです。お昼休みなどを利用しましょう。そしておすすめは学校公開日。保護者も一緒に体験してもらいましょう。きっと廊下や保健室が楽しい空間になりますよ。

赤ちゃん人形がなくても大丈夫。ちょっと工夫すれば、だいたいのことはクリアできます。このやり方なら、お砂糖を小袋に入れて微調整し、いろいろな重さの赤ちゃんを用意することもできます。例えば職員室で一番大柄な先生の生まれた時の体重でつくると「〇〇先生もこんな小さな赤ちゃんだったんだね」となります。2キロ台の赤ちゃんと4キロ近い赤ちゃんの抱き比べもできます。

ね、高い教材がなくても楽しくできそうでしょ (^O^)／

また、保健委員会を巻き込んで子どもたちの活動にするのも楽しいです。その際は、事前に保健委員会の子どもたちが体験に来た人たちに指導できるように仕込みます。

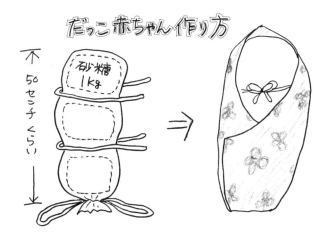

だっこ赤ちゃん作り方

↑50センチくらい↓

砂糖 1kg

①50センチ位ある布袋に砂糖（他の物でもいいです）1kg袋を3つ入れる。

②砂糖が片寄らないよう、しきりにひもを軽くしばる。

③バスタオルやひざ掛けでくるむ。

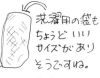

洗濯用の袋もちょうどいいサイズがありそうですね。

いかがでしょうか

あとはいかに赤ちゃんらしくだっこするか見本を見せる先生の演技力にかかっています

かわいい〜♡ ニコニコ

感情移入ってオソロシイもので、このだっこ赤ちゃんでも愛おしくなってきます。分解してバイバイするときは切なくなったり…。ほんと〜？って思うアナタ、やってみたらわかりますよ〜。

ミニネタ No.05

赤ちゃんシリーズ⑤

〜赤ちゃんだっこ体験〜

@生まれたばかりの赤ちゃんは、だいたい身長50センチ、体重は3キロくらい。まだ首がしっかりしていなくてグラグラ。赤ちゃんをだっこするとどんな感じかやってみよう。

	働きかけと流れ
事前準備	・実施方法を決める（保健委員会の活動とする、養護教諭だけで行うなど） ・場所を決め確保する（廊下、保健室内、他のスペース） ・だっこ赤ちゃんをつくる（必要な人数） ・職員会議や職員打ち合わせで実施内容を報告し周知しておく 〈保健委員会の活動とする場合〉 ☑ 事前に上手なだっこの仕方講習をする ☑ 委員会の人数が多い場合は担当日を決めておく ☑ 事前PRをする場合、ポスター描きや放送など実施する ☑ だっこ赤ちゃんをつくる手伝いをする ☑ 感想用紙をつくる ☑ 感想用紙をまとめて貼りだし掲示物を作成する　などが考えられる  子どもたちの活動を保証するには、子どもに任せる部分とこちらが準備する部分を明確にしておくといいですよ。
展開	 保健委員会を巻き込んだパターンです。養護教諭のみで行う場合は必要ない項目を抜いて考えてください。 ①休み時間を有効に使うため会場準備は先にやっておく ②保健委員会の児童生徒が来たら確認をしてスタート 　・体験しに来た人に順番を守ってもらう 　・だっこ赤ちゃんを大切にあつかってもらう ③グラグラする首の後ろに腕を入れ、もう片方の腕でお尻をしっかり支え大切にだっこする ④少し歩いてだっこを感じ取ってもらう ⑤次の人にゆっくり渡す ⑥ひとこと感想を書く
注意事項	・体験スペースがただの人ごみになり、何をしているのか周囲に見えない状態は最悪。そうしないために、人の動線をイメージし、待つ場所・体験する場所・感想を記入する場所を設置する。体験している様子が待っている人や、たまたま通りかかった人にも見えるようにするのが大事。 ・ひとこと感想は省いてもよいが、文字に残すと体験したときの気持ちが残りやすい。また、掲示物をつくる活動にも発展させられる。掲示された自分の感想を見ると嬉しいし、体験したときの気持ちを思い出すこともできる。 これは失敗を経験しているオイカワからのアドバイス。数々の失敗を積み重ね、痛い目にあったからこそ自信をもって言えます！ 

何やってんの
見えない
早くして
どいて
ガヤガヤ
ワラワラ

動線を考えず"計画"すると、この状態になります
ココ大事なんです！

オイカワの地域の保健室はとても狭く、健康診断も他の部屋を確保する場所取りから始まります。そのような条件の中、いろいろ工夫しても失敗し、失敗が大きな財産になり成功に結びついています。失敗して凹んでもいつかきっと身になります！

←ですか？
もちろん経験談
です〜。だから
リアルでしょ。

例えば"
保健室廊下では

立ち止まらず通って下さーい
そーこと大切にだこーしてね
うん
あるく　あるく
感想をひとことお願いします
楽しそう
明日、やりにこよー
来てね
ほら
かわいいよ
ポッ
保健委員さん

失敗を経験し上手くいったのがこの形です。正方形スペースよりも細長スペースのほうがいい感じにできました。学校により条件は様々なのでいろいろ試してみてください。

記入してもらったひとこと感想をそのまま貼り・題をつけたりイラストを入れて掲示物にします
いろんな色の紙を♡に切って用紙にすれば、貼るだけでステキな掲示物になります
ワタシも
あった〜

ひとこと感想用紙に年組、氏名も記入できるようにしておけば、本当に貼り出すだけになります。それを忘れると感想用紙の下に名札を貼るという、結構な手間が生じます。中学生や保護者の場合は氏名記入無しのほうが書きやすい場合もあるので、実態に合わせてやってみてください。

ほけんだより 10月 〜人のたんじょうシリーズ③〜
2017.10

授業3コマ目は3つの
お母さん体験をしました。

おかあさん体験③ 　年　組　名前

おなかにあかちゃんがいるおかあさんは、どんな感じなんだろう。
うまれたばかりのあかちゃんを抱っこすると、どんな感じなんだろう。

お手本を見せます

真剣

首がグラグラするから
しっかり支えてね。
内側の腕が下にならない
ように…

身長は50センチ、体重は3キロくら
い。首がすわっていないから、しっ
かり抱っこしないとね。

嬉しそう
にそろっと歩きます

園長先生
ながらも

赤ちゃん人形
さんびす

カワイイ

首のうしろにうでを

次の人にバトン
タッチする時
なごりおしそう
に。そして心配そうに、だっこ
の仕方を教えていました。
心配で次の人にわたした
のに、ボーッとついて歩いている人
も

このあちゃん人形には ㋡ が
娘に使っていた手縫いの
布オシメ、ウールのオムツカバー
を着せています。サラシを
切って縫ってオシメを作った事も
伝えています。(昭和だね〜)

①
②

手のひらで子宮をつくって
小さなあかちゃんを
つつむんだよ

男の子には 子宮はないけど
今日は手の平で子宮をつくって
みるよ。4ヶ月〜5ヶ月の
胎児人形を大切に大切に手の平の
子宮で包んであげてね。お腹の中の
赤ちゃんが
小さい頃は
外から見ても
わからない
ので、電車
やバスで席
をゆずっても
らえない 等の
話もしました。

安全確認

大事に大事に

こんなに
小さな命二商えそう
やさしくそっと

身長してるのが
わかります

赤ちゃん
ないますマーク
をつけている人
がいたら声を
かけて席をゆずって
ほしいよ。と言うと
みんな大きく
うなづいて
いました。

赤ちゃん
そーっと
抱きます

大切に優しく
そーっと
抱きます

手のひらで子宮をつくって
待ちます

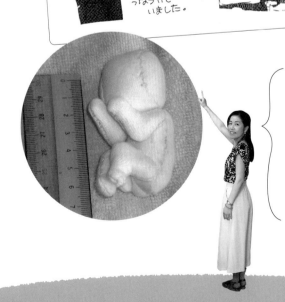

以前、おじゃました
研究会で教材づくり
を熱心に頑張ってい
る先生からプレゼント
された大切なもので
す。子どもたちは本当
に大事そうにそっと手
のひらで包みます。

この赤ちゃんシ
リーズをご覧に
なって、わかる
人にはわかってし
まっているかもし
れません。オイカワは母性本能
過剰体質⁉ 子育て中によく先輩
ママ先生たちからも「オイカワさ
ん子離れできるか心配」と言わ
れました。子離れはしたつもりで
すが今も娘LOVE、孫LOVEそし
て婿殿LOVE。みんな可愛い〜〜
(*^_^*)

赤ちゃんシリーズ⑥
お母さん体験

　5年生理科単元「生命のつながり〜人の誕生〜」の授業をミニネタに加工してお届けします。今回は赤ちゃん体験に続くお母さん体験です。お昼休みなどを利用しましょう。そしておすすめは学校公開日。保護者も一緒に体験してもらいましょう。きっと廊下や保健室が楽しい空間になりますよ。

お母さん体験セットの作り方

組み合せて作る

リュック

ヒミツ　フリースひざ掛けやバスタオルで 巻くと かさ増し効果とやわらかみが出ていいですよ。

低学年では 前に よろけたり オットット となるので 注意に しっかりつけてあげ ましょう

バサッとかぶれる エプロン

砂糖 1kg

砂糖 1kg

砂糖 1kg

お米 5kg

お米 10kg

基本、自分の家用の お米やお砂糖で まかないますが 数を作りたい時は 職員室で ♪協力 して〜♪と声をかけます

　5年生3クラスにこの授業をした時、1クラス目の子どもから「最後のクラスはいつやるの？ 先生、お米それまでもつ？（在庫は足りる？の意味）」と心配されました（@_@;） 我が家では「きゃ〜明日の分のお米が無い！」ということが度々ありますが、子どもたちの家庭でも同じようなことがあるんだなあ、とほほえましく、嬉しくなりました。

　妊婦体験教材って知っていますか？　その高価な教材がなくても大丈夫。ちょっと工夫すれば、だいたいのことはクリアできます。このやり方なら、お米やお砂糖を小袋に入れて微調整し、いろいろな重さが作れます。例えば職員室で妊娠時増加した体重をリサーチ、一番増加した先生と少なかった先生の重さを作れば、個人差も体験できます。小柄で体重も軽い小学生が体験するので、よろけたりしないように少し軽めの体験セットも用意します。そのぶん、フリースひざ掛けなどでかさ増しし、足元が見えなかったり、方向転換をするときにおなかをぶつけそうになる感覚を味わってもらいます。

　今回も、保健委員会を巻き込んで子どもたちの活動にすると楽しいです。その際は、事前に保健委員会の子どもたちが体験に来た人たちに指導できるように仕込みます。

赤ちゃんシリーズ⑥

～お母さん体験～

＠弟や妹が生まれる前、お母さんのおなかが大きくなったのを見ている人も多いよね。おなかが大きくなるってどんな感じなんだろう。体験してみよう。

	働きかけと流れ
事前準備	・実施方法を決める（保健委員会の活動とする、養護教諭だけで行うなど） ・場所を決め確保する（廊下、保健室内、他のスペース） ・妊婦体験セットを作る（必要なセット数） ・職員会議や職員打ち合わせで実施内容を報告し周知しておく 〈保健委員会の活動とする場合〉 ☑ 事前に妊婦体験セット装着の仕方や歩き方の講習をする ☑ 委員会の人数が多い場合は担当日を決めておく ☑ 事前PRをする場合、ポスター描きや放送など実施する ☑ 妊婦体験セットを作る手伝いをする ☑ 感想用紙を作る ☑ 感想用紙をまとめて貼り出し掲示物を作成する　などが考えられる 体験中の様子を写真に撮り、感想用紙と一緒に貼り出すと、体験を見ていない来校者にも様子がよくわかり、興味を持ち掲示物を見てくれること間違いなし！ お試しください！ その際はカメラマン役も設定するといいですね。
展開	 保健委員会を巻き込んだパターンです。 養護教諭のみで行う場合は必要ない項目を抜いて考えてください。 ①休み時間を有効に使うため会場準備は先にやっておく ②保健委員会の児童生徒が来たら確認をしてスタート 　・体験しに来た人に順番を守ってもらう 　・歩くコースと鉛筆拾いを説明、よろけないよう歩く注意をする ③妊婦体験セットをしっかり身につける ④歩いて移動し、しゃがんで鉛筆を拾い、立ち上がりまた歩く ⑤次の人に妊婦体験セットを渡す ⑥体験者から鉛筆を受け取り、所定の場所に置く ⑦ひとこと感想を書く
注意事項	・体験スペースがただの人ごみになり、何をしているのか周囲に見えない状態は最悪。そうならないために、人の動線をイメージし、待つ場所・体験する場所・感想を記入する場所を設置する。体験している様子が待っている人や、たまたま通りかかった人にも見えるようにするのが大事。 ・ひとこと感想は省いてもよいが、文字に残すと体験したときの気持ちが残りやすい。また、掲示物を作る活動にも発展させられる。掲示された自分の感想を見ると嬉しいし、体験したときの気持ちを思い出すこともできる。

お母さん体験 実践の様子

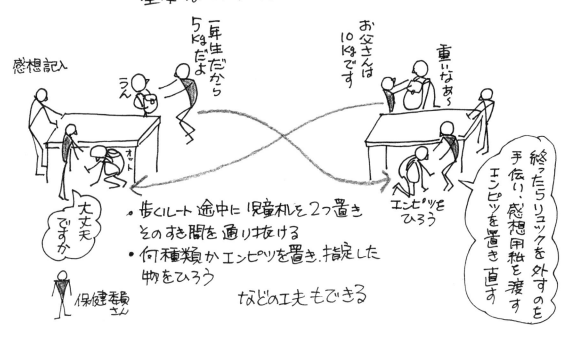

基本は 赤ちゃんだっこ 体験と一緒

一年生だから 5kgだよ

お父さんは 10kgです

重いなぁ～

感想記入

ラん

ネット

大丈夫ですか

保健委員さん

エンピツをひろう

終ったらリュックを外すのを手伝い、感想用紙を渡すエンピツを置き直す

・歩くルート 途中に 児童机を2つ置き そのすき間を 通り抜ける
・何種類か エンピツを置き、指定した物をひろう

などの工夫もできる

理科の授業では3つのブースに分かれ、以下の3つの体験を同時に行い、まわしました。

> ①赤ちゃんだっこ
> ②お母さん体験
> ③手のひらで子宮を作り
> 胎児を包む

このように同時並行でいくつかの活動を行うときは動線だけでなく、活動にかかる時間も計算します。1つの活動だけ時間がかかったり、早く終わってしまうと活動全体がざわざわのゴチャゴチャになります。例えば歩く距離を調整する、拾うものを増やす、体験グッズの受け渡しに時間がかかるなら羽織るエプロンはカットする、などなどいろいろ考えられます。

上の①②③の様子を全校に紹介したほけんだよりをp.34とp.38に載せています。3つのワークと子どもたちの様子、感想などなどをA4の表裏に限られた紙面にどう落とすか、そこがミソです。ほけんだよりにして全校に流す意味を考えます。授業の報告だけならほけんだよりは必要ありません。オイカワのねらいは「学校での子どもたちのリアルな姿を臨場感をもって伝える」です。なので、授業の細かい説明よりも子どもからの素直なつぶやきが優先です。軸が固定されているので困りません。

あかちゃん＋羊水＋胎盤などで、10キロくらい体重が増えるんだって。おなかが大きくなって、自分の足元が見えないらしい。足の爪も切れなくなっちゃう？大変だね～。

うわ～

足元が見えないよ

けんくん歩いて床に置いてあるエンピツをひろいました

「お腹が重い」「足元が見えない」「バランスくずれやすい」「いつも通り歩いたらお腹をぶつけちゃった。気をつけないとダメだね」「疲れるんだろうな～。シンドイもん」体験してみて素直な感想が口々からこぼれました。

リュックにおもりを入れて重さはおなじ。

重さは5キロ！

前にこうびそう

しゃがむと...

③ 5kgのふくらみを前にかかえて歩くだけでなく、しゃがんで床の物をひろおうという

一度しゃがむと立ち上がるのが大変

お母さんおなかが大きかったな～。もっと手伝ってあげたかった...なんだかゴメンなさいって気持ち

米がうまれる前に家事を全ていつも通りやってたの

お腹で下が見えない！どこだ？

キミのその感想に母はじ～ん

ちょっとした動作をすることで日常との違いに気づいていきます。

余談ですが、リュックの中には5kgのお米が入っていました。カンのいい子はわかっていて、3クラスこの授業が終るまでお米がなくて大丈夫か、心配されました

軸が決まっているのでサクサク書けますが、思いつくままフリーハンドで書いてしまうので、文章とスペースが計画的に構成されず↘↙で無理につないだり、ってことが起きてしまいます(^_^;) こういう性格なので仕方ないです…。

オッパイのはなし

孫の話になりますが… 上の子が1歳7ヶ月で下の子がうまれました。私たち ばあば世代が子育てをしていた頃は『1歳になったら断乳、オシメ(布だったし～♪)もとれるようにしましょう』でした。今はそんなしばりがなく子どもたちの育ちをみながらでOKと言われています。孫も1歳を過ぎても幸せそうにオッパイをのんでいました。ところが、おなかの中の赤ちゃんが8ヶ月になった頃、ある日突然、オッパイのにおいを**ワンワン**とかいで「なんか**アヤシイ**」という顔をし、ひとくち のんで**ベェ～**と吐き出し、それ以来 オッパイをほしがらなくなったそうです。母体の変化なのでしょうか、母乳が新しくうまれる赤ちゃんの為のにおいと味に変化したとしか思えませんでした。理科の授業中にその話をすると聞いていた高梨先生の顔がかわり、自分も同じ経験をしたと、子どもたちに語ってくれました。三男chanがおなかにいた時、ちょうど同じ8ヶ月になった頃、オッパイ大好きだった二男chanがオッパイの変化を感じとり自ら「バイバイ」と断乳を宣言したんだそうです。年子のママさん、おなじ様な=とがあった人 いるのではないでしょうか。

保護者の方からよくほけんだよりの感想をいただきます。メインの記事よりオマケで付け足したちょっとしたコメントや、吹き出しで書き足した話に「共感した」「育児あるあるだわ」という声も多いです。みなさんも指導略案より、イラストやオマケのコメントのほうに「なるほど」とか「あるある」と思われる方がいるかもしれませんね。それは端々に、意図せず散らした、分類できない、名前の付けられない、オイカワの感性から生まれたモノたちです。これからも目いっぱい散らかしていきますね(笑)。

赤ちゃんシリーズ⑦
おへそ「ある」「なし」クイズ

5年生理科単元「生命のつながり〜人の誕生〜」の授業をミニネタに加工してお届けします。今回の教材は、ありふれた動物の絵だけ。それなのに、どうしてこんなに盛り上がるの⁉　その理由は

オイカワの考えるミニネタとは
子どもたちの発達段階や実態に合わせ
「なんでだろう」「へえ、そうなんだ」
「わかった」「楽しい！」
「もっと知りたい」と思えることを
短時間でポイントをしぼり、伝え、
つみ重ねていくこと
健康に関係すること
身体や命に興味を持つこと
小さなピースのつみ重ねが子どもたちの
『生きる力』になっていくと信じています
45分や50分の1コマ授業が取れなくても
すき間を見つけてやって損はない！
きっといつか生きる力になって
子どもたちの役に立つ！

子どもたちになじみのあるもの、そして大小さまざまに選びました。大人でも迷うようないきものはとっても大事なお仕事をしてくれます。担任の先生には迷うような　いきものを渡し、困ってもらいます（笑）

　自分にもある身近な素材「おへそ」。ゾウ、ネコ、カエル、カメ、「よく知っている動物」だからこそ「へえ、そうなんだ」「なるほど」「おもしろい！」につながります。
　そして、自分の手でパネルを貼るという動作。友だちの答えを変えちゃうという、普段では許されないこと。いろんなものが仕込んであります。

ミニネタ
No.07

赤ちゃんシリーズ⑦

〜おへそ「ある」「なし」クイズ〜

@ネコ、ウシ、カメ、カエル、金魚…、どれも親しみのあるいきもの。このいきものたちを、おへそが「ある」か「なし」か、で分けたいのです。ところで、おへその「ある」「なし」は何で決まるのでしょうか？

働きかけと流れ

導入 1分		・用意したいきものパネルをランダムにホワイトボードや黒板に貼っておく。 **みんな、このいきもの知っている？** ・知ってる！ ネコ、飼ってる！ などなどこれだけでも楽しい空気になる。
展開❶ 4分		・いきものパネルを外しながら説明をする。 **今からこのいきものをみんなに渡すよ。さてさて、何をするのかなぁ？** ・数人に1つ、班になっていたら班にいくつかのパネルを配る。 ・もらったパネルを見てワイワイしているのを放置し、ホワイトボード・黒板に、おへそ「ある」「なし」「？」を書く。何をするのか予想が立ち始めさらにワイワイするはず。 **今持っているいきものをおへそがある、なしで分けて貼ってください。どうしてもわからないときは「？」のところにどうぞ。では相談して決まったら貼りに来てね。** ＊時間をかけても結果はあまり変わらないので「何分までね」と時間を切るとよい。
展開❷ 3分		・完成したものをみんなで確認する。 **さあ、できたね。あれは違うぞ！ って思うものある？（あるある〜）わからないコーナーにいるいきものの答えがわかる人いる？（はいはい！）** ・全体の反応を見て2〜3人を指名し、貼り直しを許可する。 ・貼り直しをされた子たちからはブーイングが起こることもある。貼り直した結果が正解だと『なるほど、そうか』と納得する。貼り直しが間違っているときは『ほーら、私たちが正解だった!!』と得意になり、結局、盛り上がっておしまいになる。
まとめ 2分	 	**実はおへそのあるなしは生まれ方に違いがあるんだ。卵で生まれるいきものはおへそがない。赤ちゃんで生まれるいきものは、お母さんのおなかの中で必要なものをへその緒を通してもらっていたから、へその緒のついていた跡＝おへそがある。ではあらためて見てみよう。** ・1つずつ「卵だからこっちだね」「赤ちゃんで生まれるからこっちだね」と確認、間違っていたら正しく貼り直していく。正解でも間違っていてもワ〜キャ〜盛り上がる。 **みんなはどっち？ そうだね、お母さんのおなかで育ったからおなかの真ん中に可愛いおへそがあるね。**

みんながよく知ってるいきものばかりだね

オイカワが現職の頃、学校にはカラーコピーやカラープリンターがなかったのでできませんでしたが、いろんな動物のカラー写真を厚紙に貼っても楽しいと思います。絵が苦手な方におすすめです。

次ページのほけんだより上の写真をみてください。この風景が広がります。下の写真ではクラスによってこんなに違うのがわかります。間違えて貼られるとついニヤニヤ、正しいものが貼りかえられるとまたニヤニヤしてしまう意地悪なオイカワです。今までパーフェクトだったクラスはありません。だから面白い！

さあはってへ〜イ

ある	なし

？

うちのハムスターへ�"ぞないよ〜

ゾウって大きいからおへゃ〜ないと思うラ〜

え〜んとうだ

わかんないよ〜

アシカってどっちだろ〜

実は「イルカ」と「クジラ」は同じで、クジラの仲間で小型のものを「イルカ」と呼んでいます

イルカもクジラも

哺乳類だから

キラッ キラッ

詳しい子

たまにいます

オもこんなふうでした

ホニュウルイそれなに？

娘たちが小さかった頃、農家の無人販売で買ったキャベツに青虫が隠れていました。3人で「ニャッキーだあ♡」と大興奮。そのまま育てました。冬眠前のヒキガエルが道路で固まっていたのを保護し、冬眠しやすい池に連れて行きました。そんなことばっかりです。

授業4コマ目は人だけでなく、いろいろな動物、いろいろな生き物（植物・虫・魚も含め）の赤ちゃんや いのちの つなぎ方を学習しました。

まずは おへそのある動物と ない動物に分ける課題です。どうしても迷って分けられない場合の？スペースもあります。おへそ の ある・なしは何が原因、もとになっているのかとの理由にたどりつければ、分けるは それほど 難しくないのですが…。3クラスとも ワイワイ でした。

分けてもらう動物たちは 馬・ゴリラ・イルカ・ぞう・ウサギ・ネズミ・ブタ・ハムスター・牛・アシカ・カメ・カモメ・ライオン・小鳥・カエル・ワニ・リス・ワジラ・金魚・ネコ・ペンギン・ヘビ・人間 です。

2つのクラスの結果を紹介します。さてさて、どこが **オカシイ** のかな？ 考えてみてください。おへそのある・なしの理由を説明した後ではり直してもらうと 2クラスとも 正しくはいりました。

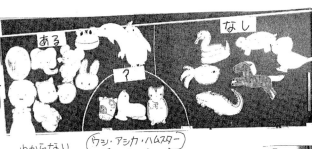

ある

人間・ゾウ
ライオン・ネコ
ゴリラ・リス
ネズミ・ブタ
ウサギ・カエル
ペンギン
イルカ

わからない　ウシ・アシカ・ハムスター

なし

ヘビ・カメ
金魚・小鳥
ウマ・ワニ

ワジラ カモメは手に持ったままでした…。

ある

ゴリラ・ゾウ
ウマ・イルカ
ウサギ・人間
ブタ・ネズミ
ハムスター

なし

カモメ・カメ
アシカ・小鳥
カエル・ヘビ
ペンギン・ネコ
ワニ・金魚
ワジラ・リス
ライオン

正解はうら

今回の教材はいつ作ったんだっけなあ？　と思い出してみると…。使い込んで色があせてしまったので、保健室登校の子どもに色を塗り直してもらったのが16年前だったなあ…、はあ？　ということは30年近くご愛用？　そんなに使っているの？ コスパ良すぎるでしょ！　などと自分でびっくりしたのでした。

赤ちゃんシリーズ⑧

いろいろな動物の赤ちゃん

5年生理科単元「生命のつながり〜人の誕生〜」の授業をミニネタに加工してお届けします。今回の教材は、前回のありふれた動物絵の使いまわしです。それでも十分に楽しんで盛り上がるのでご安心を！

教材の掲示物としての利用例

5つのまちがいさがし おへそ「ある」「なし」

おへそのあるいきもの

おへそのないいきもの

子どもたちは間違いさがしが大好きです。いかにも迷いそうなものを5つ入れました。今回、間違いだったものを正解の枠に入れ、新たに間違いのいきものを投入すると、シリーズで数回できそうです。きっと人気の掲示物になるはずです。

教材の掲示物としての利用例

お母さんのおなかの中にいる日数は？

| 15日 | 30日 | 60日 | 100日 | 266日 | 285日 | 330日 | 360日 | 660日 |

上と下をむすんでね

イルカ　ウサギ　ウシ　ウマ　ゾウ　ネコ　ハムスター　ヒト　ライオン

数字の下にビニールひもなどをたらし、動物の上に留められる工夫をすると、より楽しい掲示物になります。ちなみに、数字は小さい順に並べ、動物はあいうえお順に並べました。生まれるときのおおよその体重をヒントにのせるのもいいですね。

〜いろいろな動物の赤ちゃん〜

@おへそのある動物だけを集め、生まれるまでの日数、お母さんのおなかで過ごす日数をクイズ形式で考えます。大きさに関係あるのかな、陸上と水中、住む環境に関係あるのかな、さあ、みんなで考えてみよう。

働きかけと流れ

導入 1分	・数字パネルを小さい→大きい順に貼っていく。 ・数字パネルの上に「お母さんのおなかの中にいる日数は？」と書く。 みんな、このいきもの知っている？
展開❶ 4分	 ・数人に1つ、班になっていたら班にいくつかのパネルを配る。 ・自分たちがもらった動物を見て、また近くの子どもが持っている動物と見くらべて、ホワイトボードの数字と照らし合わせ、ワイワイするが、少し放置し様子を見る。子どもたちが持てる情報をフル稼働し、想像をふくらませ楽しんでいる状態。 （予告）あと1分で結論を出して前に貼ってもらいます！ ・「え〜〜、どうしよう！」など楽しそうな声があがるはず。 時間切れ〜！　相談して決まった数字の下に動物の絵を貼ってね。早い者勝ちではないからね。1つの数字に、いくつ重なってもOKだよ。 ＊1つの数字に複数の子どもが貼りにくることが考えられ、先に貼られてしまうと次の子が困ることがある。そんな場面で声をかける。
展開❷ 3分	 ・完成したものをみんなで確認する。 さあ、見てみよう。〇日は空いてるね、おや〇日には3つも貼ってあるぞ！　みんなが貼ったものを見て、変えたい場合は変更OKだよ。ただし、制限時間〇分間！ ・貼り直しをすると空いていた場所に何かが移動してきたり、複数重なっていた動物がばらけたりする。結果、また、別の日数が空いてしまったり、他の日数に重なりができたりと、思わず苦笑いしたくなることが起きてくる。
まとめ 2分	それでは正解を教えます。 ・貼ってある動物を順番に確認していく。正解は「正解です！（拍手）」、間違いは「残念」と脇によける。正解の動物・日数の組み合わせが残り、間違いは外された状態になる。 ・残っている日数と動物で組み合わせを考えてみよう、と呼びかけ、あがった声が正解だったら「正解！」と正しい場所に貼っていく。 ・すべて収まった完成図を見て、感想や何がわかるか意見を言わせてもよい。生まれるときのおおよその体重も紹介する。ハムスター5g、ウサギ50g、ネコ100g、ライオン15kg、人間3kg、ウシ30kg、ウマ50kg、イルカ30kg、ゾウ100kg。

　理科では卵で生まれるいきものについても同じように学習しました。そして、人のたんじょうシリーズほけんだよりは今回で終了となります。オイカワの関わった理科の授業は学習のねらいを達成できたのか？　シリーズ初回に載せた目標に照らし合わせ総括しました。

p.42のほけんだよりの裏面

　養護教諭仲間の研修会でこのワークをすると、正直、小学5年生とあまりかわりません。こんな単純な教材で小学生でも養護教諭でも同じように楽しめるのです。『シンプルで楽しい』『シンプルだから楽しい』の代表選手のような教材です。

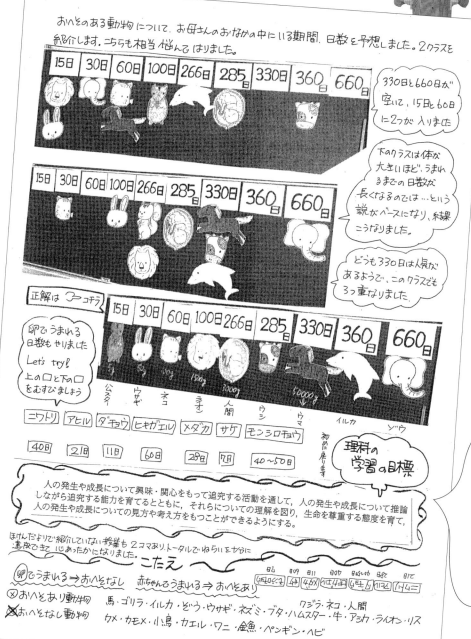

理科の授業としてねらいを達成できていることを、ちょっと差し込んでいますね。そこだけ活字にしてあるのもミソです。我ながらあざとい手法。

～人のたんじょうシリーズ 番外～

5年生の授業が終った9月11日の夜、本格的な陣痛がきて12日の明け方 うまれました。5年生の各クラスにBabyの写真をみせてお礼を伝えました。

☆新しい生命の誕生おめでとうございます‼ そして、ありがとうございます。ボクは下に弟がいます。1才です。弟がうまれたときお母さんはとっても喜びました。どうしてかな、と思っていたのですが、及川先生が興奮してその時の感動をかたってくれたおかげで、その「なぞ」がとけました。及川先生が「うまれたよ‼」のお礼から花をくれた時ボクは すーっごくラッキーだと思いました。なにせ「人の誕生」を教えてくれた及川先生に孫が誕生したんです。

みんなニコニコとのぞきこんで「かわいい～」「かわいい」「よかったね」とお祝いのことばをくれました。

とーっても大事な大事な体験をしたな、と思いました。これからもお孫さんかわいがってあげてください。

☆及川先生はお孫さんがかわいいって言っていましたね。私もおばあちゃんが大好きです。

☆及川先生の娘さんが病院へ行ったり、帰って来たりで、何回もくり返して「早くうまれてあげて～」という感じでした。でも、ようやくうまれて感動しました。（※入院にはつは陣痛がおさまり 帰され、3回目の入院でうまれました。）

☆及川先生、とっても感動する話ありがとうございます。（※真太郎君の幸せを願っています。娘とお産と重なり、かなり感情に入り過ぎて、時に自分の娘を思い出しウルウルしながらの授業になってしまいましたね）

☆5年生の各クラス、理科の授業中におじゃまして「今度こと？やっと？うまれた～？」と報告すると3クラスとも全員と大きな拍手をしてくれました。私事を持ちこみ過ぎと反省しつつ、リアルタイムの命の誕生を語ることができました。

柏手して パチパチ くれました

理科室にはらせてもらいました

「5年生にお礼の手紙を書きたい！」と娘が書いてきたものです。字が絵も母にそっくりです。（※娘も小学生の時、理科室にはらせてもらいました。）

授業を終えて、女性はすごいな、と思いました。いくつかの体験から姓婦さんはこんな気持ちなんだと思ったら、電車やバスなどで席をゆずろうと思いました。自分が姓婦さんになったとき席をゆずってもらえたら嬉しいからです。

人ってすばらしい 女性です 女性です すばらしい！

私は授業を受けて、人ってすばらしい、自分も早く赤ちゃんをうみたいと思いました。だから、死ぬな赤ちゃんそうんで5、及川先生に見せたいなあ、って思いました。

ぼくはお母さんのおなかに弟がいた時、しちんぷりでした。この授業でお母さんが、がんばっていたんだ～とおどろきました。もし、また、次にうまれることがあったらがんばってお母さんを見守りたいと思いました。
（※弟か妹が）

高梨Tと私たち想像していた以上に、子どもたちの反応が大きかったので、すご～く嬉しかったです♡

番外編は理科の授業がいのちの授業になるという証明です！

5年生のみなさんへ

たくさんのお祝いの言葉ありがとうございました！家族みんなで読ませてもらいました。こんなにたくさんの人にたんじょうを祝ってもらえて 真太郎 はとても幸せです♡♡

授業を通じて「命のたんじょうはとてもステキなこと」「周りの人を幸せにするパワーがあること」を伝えるお手いができてうれしかったです。これから先、命のたんじょうに出会うことがあると思います。その時に、授業のことを思い出してもらえたらうれしいな～…と思います♡♡

授業中に陣痛がきたら～と毎回ドキドキさせてゴメンネ。優しく気使ってくれてありがとう♡♡

これ、授業中にかいたものです。実物は

真太郎
9月12日 4時56分に産まれました

ワークシートのまとめの感想を書くスペースに、娘の出産と孫の誕生についての感想やお祝いのメッセージがたくさんありました（;0;）　5年生が家に帰っていろいろ話したようで、保護者の方からもたくさんお声をかけていただき、お祝いの言葉をいただきました。今回は娘の出産・孫の誕生が一番のナマ教材になっていたことに気づきました。理科の授業シリーズほけんだよりは完結したのですが、次のほけんだよりの裏面に番外編を書きました。

9月に入った頃、6年生数人から「今年も5年生に理科の授業やっているの？」と聞かれました。今年はオーダーが入らず授業はやっていません。そのことを話すと「私たちは先生のお孫ちゃんが生まれるタイミングと一緒だったし、授業を受けられてラッキーだったね～」と言われました。いえいえ、孫の誕生と重なり、私や娘たちが幸せな思いをさせてもらってラッキーだったのです。娘の書いたお礼の手紙↑は今も理科室に貼ってあります。

赤ちゃんシリーズ⑨

シナリオ仕立て
はじめての赤ちゃん

オイカワ流担任巻き込み術に「シナリオ仕立て」があります。一緒に授業をする人に役を振り分け、シナリオを見ながら役になり切って演じる形です。ミニネタ No. 3 でチラッと紹介しました。2人でできるコンパクト版シナリオを No.11 まで紹介していきます。誰かと一緒に作る授業は楽しさ倍増です。1人で行う場合はセリフを少し変え1人芝居ふうにできます。赤ちゃんシリーズ⑧までの教材を使いまわします。

シナリオ仕立ての授業風景

これは1年生にたばこの指導をしているところです。私は隣に立っている男性教員のママ役で健康ヲタクという設定です。「オウチで大人がたばこを吸う人?」という質問に子ども役の先生も、座っている子どもたちもたくさん手が挙がりました。

シナリオを覚える必要はありません。ざっと下読みして内容がわかっていれば OK です。本番では、このようにシッカリ見ながらセリフを言えばいいのです。見ながら言ってもカンニングペーパーに見えないタネあかしは p.50 にあります。

47

赤ちゃんシリーズ⑨シナリオ仕立て

～はじめての赤ちゃん～

@お母さんは、赤ちゃんを授かり、不安と期待でドキドキワクワクしながら、だんだんとお母さんになっていくんだ。みんながお母さんのおなかにいた頃、きっとお母さんもこんなだったと思うよ。

シナリオと流れ	

役割
=養
=T

設定

- 養護教諭（養）は3人目を妊娠中（8か月）の経験豊富な妊婦。もう1人（T）ははじめての妊娠、おなかもふくらむ前の妊娠初期。2人が産科の待合室で一緒になったところから話がはじまる。
- 教室の前に椅子を2つ置き、（T）が座って不安そうにしている。（養）がクッションかバスタオルを入れ、おなかを膨らませた姿で入ってきて隣に座る。ニコニコ幸せそうにおなかをなでる。

導入 1分

（ひとり言：座っている）おなかの中に赤ちゃんがいて、お母さんになるなんて不思議な感じ。

（ひとり言：大きなおなか、笑顔で入ってくる）もうすぐ赤ちゃんに会えるなんて楽しみだわ。

（顔を見合わせて）こんにちは～。

お隣、座っていいですか？　今日は病院混んでいますね。待ち時間おしゃべりでもしましょうか。

実は私、自分がお母さんになる実感がわかなくてちょっと不安なんです。

私も1人目のときはそうだったわ、不安だったなあ。（おなかをなでて）この子は3人目、いろいろな経験をして気がついたらお母さんになっていたって感じよ。

私だけじゃないんですね、よかった。

知らないことが多いと心配になるものよ。赤ちゃんのこと楽しみながらもっともっと知っちゃいましょう。お手伝いするわ。

ありがとうございます！　お願いします！

展開❶ 4分

では、赤ちゃんクイズです！　ジャジャジャジャーン！

きゃあ、見ただけで、もう楽しくなっちゃう！

「第1問、赤ちゃんはおなかの中でオシッコしているのでしょうか？」

わからない！（おなかに問いかける）あなたはオシッコしているの？　していないの？　教えてちょうだい。ダメ、お返事がないわ。

（教室の子どもたちに向かって）みんなはどう思う？
（「している！」「していない！」ザワザワするはず。楽しんでいる証拠）

決めた！　オシッコはしていません！

ブブーッ×　赤ちゃんは汚れた羊水をゴクゴク飲んできれいにしてからオシッコとして子宮の中に戻しているのよ。すごいでしょ！

自分を濾過器にしているのね、すごいわ～。

第2問、ではウンチはしているでしょうか?

 こんどは間違えないわよ、オシッコと一緒でウンチもしている!
（答えた後、子どもたちの反応を見渡す。同じ意見、違うと思う、それぞれ表情で表してくれる）

 ブブーッ×　老廃物っていうんだけれど、いらなくなったものはへその緒を通してお母さんに返しちゃうから、ウンチはしなくてすむのよ。

 そうだった、へその緒があったんだわ。1問目につられて答えちゃった。
（＊詳細はミニネタNo.03を参照）

展開❷ 3分

 次はもっと難しいわよ、ジャジャジャジャーン!

でわかれている　⑤二人一緒になっている　⑥はじめお母さん、だんだん赤ちゃん

 ええええ〜〜!　考えたこともなかったわ。難しい〜。
（迷ったふりをして少し子どもたちに考える時間をあげる）よくわからないけれど、⑥!

 第3問、へその緒を流れるのは誰の血?　①お母さん　②赤ちゃん　③行きはお母さん、帰りは赤ちゃん　④真ん中くらい

 ブブーッ×　へその緒を流れているのは、赤ちゃんが自分で作った自分の血なのよ。びっくりよね!　私も知ったときはすごいなあって驚いちゃったわ。

 （おなかに話しかける）あなたってすごいのねえ。

まとめ 1分

 どう、赤ちゃんのことを知って楽しい気持ちになった?

 はい!　とっても楽しくなったしリラックスできました。赤ちゃんのなぞや不思議な力を知っていくのが楽しみになりました。早く会いたいなあって思いました。

 よかったわ。あら、「二人とも中待合室にどうぞ」って呼ばれたみたいよ。

＊そう言って二人で廊下に出て、担任と養護教諭の顔に戻って入ってくる。挨拶をして終了。

ミニネタとして一度実施した後、少し期間をおいて、まとめのような形でこのシナリオ仕立てを行うのも効果的です。クイズの答えを覚えている子は、迷って困っている新米ママに教えてくれます。忘れてしまった子は「あれ〜、どうだったかなあ?」と記憶をたどります。そして、正解を聞くと「そうだった!」となり、今度はしっかり記憶してくれます。なにより、子どもたちは先生が演じるのを見るのが大好きです。とても喜んで盛り上がり、楽しんで覚えてくれます。その勢いがこちらに伝わり、今度はもっと楽しませたいな、とヤミツキになります。

シナリオの表紙コレクション

先生方が手に持つシナリオの表紙はこんなふうになっています。いかにもその人が持ちそうな本の題名を書き、イラストも入れます。ちょっと笑えそうな表紙や、学習内容が見てわかるような表紙もあります。このちょっとした工夫が見ながらのセリフもカンニングに見えないのです。

たばこの指導が多かったので結構コレクションがあります。カラーではないのであかりにくいですが、色も持つ職員のイメージで選びます。色とりどりのほうが楽しげに見えます。

これはＴＶのクイズ番組の設定で行ったシナリオです。第1回と書いてありますが2回目はありません…(＾_＾；) 表紙も遊び心いっぱいです。

この2つは我が家のペットが表紙になっています。わんこもシマリスも実物の写真が保健室にたくさんあるので、子どもたちもよく知っています。内側にシナリオがあるようには見えませんよね。

シナリオは持ち主が読む行だけラインマーカーで色を付けます。協力してくれる先生方が安心して指導に臨めるような工夫も怠りません。ここ、大事ですよ〜。

50

赤ちゃんシリーズ⑩
シナリオ仕立て
育つ赤ちゃん

オイカワ流担任巻き込み術にシナリオ仕立てがあります。一緒に授業をする人に役を振り分け、シナリオを見ながら役になり切って演じる形です。今回はプレママ教室の先生と生徒になります。気づけば子どもたちも一緒に、おなかの中で育っていく赤ちゃんの様子を学習しているという内容です。次のミニネタ No.11 では組む職員が男性の場合を紹介します。

今回のシナリオで使う教材

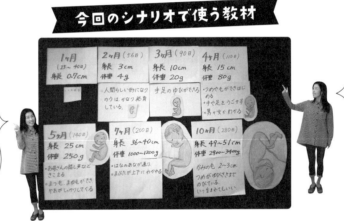

この教材は25年以上前のもの。まだ現役で使っています。絵本や教材にもよくあるので有効に活用しましょう。

〇か月の赤ちゃんはこのくらいの大きさ、こんな特徴があるよ、と月数による胎児の様子がわかるものならOK。

3か月 (90日)
身長 10cm
体重 20g
手足のゆびができる

4か月 (110日)
身長 15cm
体重 80g
・つめやもができはじめる
・手や足をうごかす
・男か女かわかる

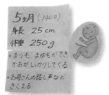
5か月 (140日)
身長 25cm
体重 250g
・まつも、まゆもができかおがしっかりしてくる
・お母さんの話し声などきこえる

7か月 (200日)
身長 36～40cm
体重 1000～1200g
・はなのあなが通る
・まぶたが上下にわかれる

10か月 (280日)
身長 49～51cm
体重 2900～3400g
かみのも 2～3cm
つめがゆびさきまでのびている。
いつ生まれてもいい。

教材の見せ方の工夫

Point!
❶〇か月
❷大きさのわかる絵
❸特徴

子どもの様子を見ながら、少し間をあけて順に貼っていくと、予想しながら考える時間になって、子どもたちが楽しめます。

赤ちゃんシリーズ⑩シナリオ仕立て

〜育つ赤ちゃん〜

@お母さんのおなかの中で赤ちゃんはどんなふうに育っていくんだろう。お母さんのおなかに声をかけたら聞こえるのかな、目は見えるのかな、おなかの中で何をしてすごしているのかな。

＊本物の母親学級ではないので、胎内で赤ちゃんが育つ様子がざっくり伝わればよい。日数、週数、月数など混在すると混乱するので、複数の資料を参考にする際は、その点に注意をする。

シナリオと流れ

設定

・養護教諭（養）はプレママ教室の先生。白衣、普段かけないメガネ、などで軽くコスプレすると効果的。

・職員（T）は初めての妊娠、安定期に入りおなかが少しふくらんできたところ。

・今日はプレママ教室の日。教室の前に椅子を置き、おなかをクッションかバスタオルで少し膨らませた（T）が座り、ニコニコ幸せそうにおなかをなでて（養）の来るのを待っている。

役割
=養
=T

導入 1分

おなかがだんだんふくらんできて赤ちゃんが育っているのを感じるわ。幸せ。

（元気に入ってくる）こんにちわ〜。今日は第3回目『おなかの中で育つ赤ちゃん』の勉強をします。

＊1回目、2回目はいつやったの？ など子どもから楽しいツッコミが入るかもしれません。それも計算のウチ。こういうアソビが大事です。

わー、すごく楽しみ！ 早く知りたいです！

展開❶ 4分

では、赤ちゃんの育つ様子を見ていきましょう（サラッと流す感じです）。①1か月：赤ちゃんの始まりはこんなに小さいんですね。大きさはだいたい7mmほど。1・2年生の小指の爪の大きさくらいかな（こう言うと具体的でわかりやすい。みんな小指の爪を見せ合ったりする）。

1ヶ月（23〜40日）
身長 0.7cm

まあ、小さい！ このころはまだ赤ちゃんがおなかにいることに気がつかなかったです。

②2か月：3cm、4g。やっと人間らしい姿になってきましたね。脳も発育してきます。
③3か月：10cm、20g。赤ちゃんぽくなりましたね。手足の指ができてきます。

2ヶ月（56日）
身長 3cm
体重 4g
・人間らしい形になる
・のうは、かなり発育している.

④4か月：15cm、80g。手足を動かすようになり、男女がわかるようになりますが、かくしちゃう恥ずかしがり屋さんもいますよ（笑）。

4ヶ月（110日）
身長 15cm
体重 80g
・つめやもうができはじめる
・手や足をうごかす
・男や女がわかる

4か月のころ男女はまだわからないって言われました。恥ずかしがり屋さんだったんだわ。

⑤5か月：25cm、250g。ぐっと育ち、おなかもふっくらしてきます。話しかける声が聞こえるようになります。胎動を感じます。

5ヶ月（140日）
身長 25cm
体重 250g
・まつも、まゆもができかおがしっかりしてくる
・お母さんの話し声などきこえる

今ちょうどここです！ もう私の声が聞こえるんですね！ たくさん話しかけます！

⑥7か月：36〜40cm、1000〜1200g。鼻の穴が通り、まぶたも上下にわかれます。

⑦10か月：49〜51cm、2900〜3400g。髪の毛も伸びて爪も指先まで伸びています。もういつ生まれてもいいのでドキドキですね。

展開❷ 3分

さあ、ここで特別ゲスト登場です。生まれたばかりの赤ちゃん人形さん。抱っこしてみましょう。立ってください。両手を前に出してください。首の後ろとお尻の下をしっかり支えてください。
＊子どもたちに見えるように受け渡しをします。

うわー、思ったより重いです。首がぐらぐらして緊張します。

少し歩いてみましょう。

（じっと見つめて）
可愛い(*^-^*)

＊ここ大事です！ 嬉しそうに、愛しそうに、大切に抱っこして子どもたちの前や間を歩きます。しっかり演技してくださいね！ 終わりまで抱っこしています。

p.31を見てね！

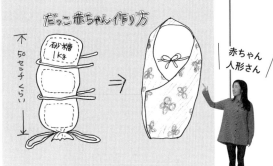

だっこ赤ちゃん作り方

不
↑50センチくらい↓

砂糖1kg

⇒

赤ちゃん人形さん

❶50cmくらいある布袋に砂糖（他の物でもいいです）1kg袋を3つ入れる。
❷砂糖が片寄らないよう、しきりにひもを軽くしばる。
❸バスタオルやひざ掛けでくるむ。

まとめ 1分

赤ちゃんの成長を知り、生まれたばかりの赤ちゃんを抱っこして、どうでしたか。

早く会いたいな、抱っこしたいなって思います。でも、その前に、まだ小さいので頑張って大きく育ってね、と思いました。

今日の勉強はこれで終わりです。次回は『赤ちゃんが生まれた！』です。心配なくお産ができるように勉強しますよ。

次回も楽しみです！ ありがとうございました！

わざわざ手作りの教材を作らなくてもこの手の資料はたくさんあります。展開❶は、おなかの赤ちゃんの成長を描いた絵本の読み聞かせをするだけでもいいと思います。途中、途中でプレママさんが「まだこんなに小さいんですね」「ああ、赤ちゃんぽくなってきた」「今、私の赤ちゃんはこのくらいなんですねえ、可愛いなあ」など言葉をはさむとグッと雰囲気が出ます。

２年生で、担任の先生がちょっとおなかがふくらんだ妊婦さんを演じました。クラスの子どもたちが本当に先生のおなかに赤ちゃんがいると勘違いして、保護者から「先生、おめでとうございます！」と言われたのでした（笑）。

こちらはなんちゃって臨月のオイカワです。おなかはクッションで、マタニティードレスに見えるのはゆったりエプロンです。ばあばとなったアラ還の今はできませんが、結構トシになっても妊婦さんを演じていました。楽しいんだもん。

シナリオ授業を保健だよりで報告

健康に関するいろいろな勉強もするよ

みんなと授業するのがとっても楽しみです

３学期に行った健康教育を紹介します

ボクのうちは家族みんなで健康オタク
たばこをやめてもらいたいなら、お母さんがいろいろ教えてくれると思うよ～

パパ前はすってたけど

たばこすうの～？
イヤなんだ

こっちは家族みんなやめたよ

１年生 仲良し3人組 帰り道での会話

１年生「たばこ」

健康情報を無料で出せますよ

イラスト、ネットでも

なんならここで調べるか無いか調べてみましょう

禁煙席があっても副流煙には意味があるか無いか

でも大丈夫だマン

少し煙たい？

少々煙をすいこんでも大丈夫だよ

喫茶店でのお客様の会話

２年生「たばこ」

私のお母さんは体調をくずすまで、たばこをすっていましたが、やめるのはとても難しいものなんです。でもたばこをすっていたので、ゆかさも少々もやめるのはとても難しいものなんです。

体験談を語ってくれた稲田先生

いつも通り、楽しい健康教育の場面は全校でシェアします。デリバリー方式なのでお呼びがかからないと授業ができません。このほけんだよりを見た未実施学年の子どもや保護者が「○年生はいつやるの？」と声を出してくれます。そこから、新しい注文が入ります。これがオイカワ流です。

赤ちゃんシリーズ⑪

シナリオ仕立て
パパも一緒に

オイカワ流担任巻き込み術にシナリオ仕立てがあります。一緒に授業をする人に役を振り分け、シナリオを見ながら役になり切って演じる形です。今回は男性職員と組んで行うときのシナリオです。男の子たちには育児を当然のこととして楽しめるパパになってほしいです。

赤ちゃんシリーズはいかがでしたか？　やってみたいミニネタはありましたか？

担任が妊婦検診で年休をとったときに、赤ちゃんシリーズを積み重ねたクラスがありました。学級全員がばあば目線（ある意味洗脳・笑）で、担任のおなかのふくらみを愛しみ、毎日話しかけ、最後の授業では名前まで考えました。その様子をほけんだよりで全校に流しました。

ミニネタ No.11

赤ちゃんシリーズ⑪シナリオ仕立て

〜パパも一緒に〜

@赤ちゃんを迎えるために男の人だって頑張る。赤ちゃんのことを知ることでパパになる準備が心の中で少しずつできていく。あとは、赤ちゃんと一緒に生活しながらだんだんとパパになっていくんだよ。

シナリオと流れ

設定	・養護教諭（養）はプレパパ教室の先生。白衣、普段かけないメガネなどで軽くコスプレすると効果的。 ・職員（T）はパートナーが初めての妊娠で喜びや期待とともに不安も抱えている。 ・今日はプレパパ教室の日、教室の前にイスを置き、緊張した様子で（T）が座り、授業が始まるのを待っている。	役割 　=養 　=T

導入 1分	（元気に入ってくる）こんにちは！（顔を見て）あら、ずいぶん緊張していますね。 赤ちゃんが生まれるのを想像すると嬉しすぎて、でも、自分がちゃんとパパになれるのか実感はわかなくて、ちょっと不安なんです。 私も1人目のときはそうだったわ。みんな嬉しすぎて不安になるの。 ええ〜、先生でもそうなんですか？	あら、誰だって同じよ。いろいろな経験をして、必死に育児をしていたら、いつの間にかお母さんになっていたって感じ。それはパパも同じよ。 私だけじゃないんですね、よかった。 知らないことが多いと心配になるものよ。赤ちゃんのことを楽しみながら知っちゃいましょう。そして身近に感じましょう。今日はそういう内容の勉強です。 ありがとうございます！　お願いします！

展開❶ 5分	では、赤ちゃんの育つ様子を勉強しましょう。今日はパパのおなかの中で赤ちゃんが育つとしたら、という体験をしてもらいます。立ってください（パタパタ教材を渡す）。これをおなかの前に持ってください。合図☑でめくってくださいね。	（T）は教材をおなかの前で持ち、合図でパタパタとめくっていきます。 ☑①赤ちゃんの始まりはこんなに小さいんです。 ☑②3か月…10cm、20g。赤ちゃん

「パタパタ教材」は、パタパタパタと、折って広げて、六角形の面が3種類現れます。ひし形に折れば最大18パターン表現できます。

こんな感じで折って広げます。

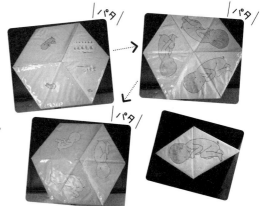

パタ　パタ　パタ

ぼくなりましたね。手足の指ができてきます。

☑③４か月…15cm、80g。手足を動かすようになり、男女がわかるようになりますが、かくしちゃう恥ずかしがり屋さんもいますよ（笑）。

☑④５か月…25cm、250g。ぐっと育ち、おなかもふっくらしてきます。話しかける声が聞こえるようになります。胎動を感じます。

 今ちょうどこのくらいです！ もう声が聞こえるんですね！ たくさん話しかけます！ おなかをけった！ とよく言います。（おなかをじーっとみて）どんな感じなのかな～。

 ☑⑤６か月…ぐっと大きくなる時期です。髪の毛も伸びてきます。

☑⑥７か月…36～40cm、1000～1200g。鼻の穴が通り、まぶたも上下にわかれます。

☑⑦８か月、☑⑧９か月、☑⑨10か月…49～51cm、2900～3400g。髪の毛も伸びて爪も指先まで伸びています。もういつ生まれてもいいのでドキドキですね。

 ８か月過ぎるともう下を向くんですね。

 ぐるぐる動くけれど、だんだんと生まれる準備として下を向くようになります。

自分のおなかで赤ちゃんが育つような気持ちになりました。

| 展開❷ 3分 | さあ、ここで特別ゲスト登場です。おなかの中の３か月の赤ちゃんです。手のひらで子宮を作り、そっとおなかの前に置いてください。

うわあ、小さくてこわれそう。そっと優しく包まなくちゃだめですね。可愛いなあ。

次のゲストは生まれたばかりの赤ちゃんです。抱っこしてみましょう。立ってください。両手を前に出してください。首の後ろとお尻の下をしっかり支えてください。 | うわー、思ったより重いです。首がぐらぐらして緊張します。

少し歩いてみましょう。

（じっと見つめて）可愛い(*^-^*)。（子どもたちの前や間を少し歩きます。終わりまで抱っこしています）

*ゲストの赤ちゃんは、子どもたちに見えるように大切に扱って受け渡します。手にした時は、嬉しそうに、愛おしそうに、大切にしてください。 |

まとめ 1分

赤ちゃんの成長を知り、生まれる前と生まれたばかりの赤ちゃんを抱っこして、どうでしたか。

早く会いたいな、抱っこしたいなあ、たくさんたくさん一緒に過ごしたいなって思いました。

今日の勉強はこれで終わりです。次回は『赤ちゃんをお風呂に入れよう！』です。

 次回も楽しみです！ ありがとうございました！

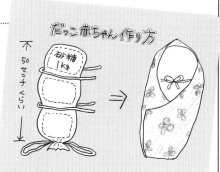

だっこ赤ちゃん作り方

❶50cmくらいある布袋に砂糖（他の物でもいいです）１kg袋を３つ入れる。

❷砂糖が片寄らないよう、しきりにひもを軽くしばる。

❸バスタオルやひざ掛けでくるむ。

ミニネタNo.10でも扱った胎児の成長はスケッチブック教材に適しています。めくるごとに月数が進み、赤ちゃんの成長がわかります。裏にたくさんの情報を書けるので安心です。おなかの前で説明するのもやりやすいです。今回はあえて「パタパタ教材」を紹介しました。ちょっと手間ヒマかかりますが、子どもだけでなく保護者や職場の仲間も「どうなっているの〜〜?」と興奮して楽しめる教材です。

① 3色の色画用紙を正三角形6枚ずつに切り、右図のように並べる（正三角形2つになるように折り目をつけたひし形3枚ずつでも可）。

② テープで軽く仮どめをして裏返しにする。裏返したら、テープでしっかりつなげる。

③ テープでつなげたら、またひっくり返して戻し、型紙の色名に丸がついている部分に、色画用紙よりひとまわり小さな正三角形に切った厚紙をはる。

④ まん中で折って型紙の（※）と（※）の辺をはりあわせる。

⑤ 同じ色のひし形ごとに折り、同じ色で六角形になるように折っていく（裏も1色で六角形になっているか確認する）。

⑥ フチがテープでとまっていないところをとめていく。

⑦ 何回か折り返して色を変えながら、⑥の作業を全部で3回やる。

裏返す

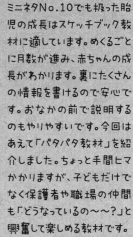

（※）

（※）

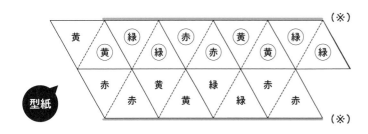

型紙

黄	緑	赤	黄	緑
黄	緑	赤	黄	緑
赤	黄	緑	赤
赤	黄	緑	赤

（※）

（※）

今回のパタパタ教材は、部会で教材作りに取り組んだときに他の先生から教えてもらったものです。作り方のマニュアルも、PCに堪能な若手が作ってくれたもので、ありがたく頂戴しました。1人職の養護教諭にとって部会仲間の力はとっても大きくて頼りになります。

赤ちゃんシリーズ番外編
コロナ禍から立ち上がらせてくれた授業
～こんにちは、ゆき先生の赤ちゃん～

　新型コロナウイルス感染症の流行では、寝耳に水の全国一斉休校がありました。子どものいない学校で、休校延長のたびに、市のガイドラインと照らし合わせ、校医さんと相談をし、何度も何度も健康診断日程を調整し直しました。見通しの立たない不安に（職員をケアする立場なので強いオイカワを装っていましたが）心が折れていました。体重が結構落ち、素の時はやつれ顔だったと思います。そんなオイカワを立ち直らせてくれたのは、やはり授業でした。休校があけ、分散登校が始まり、子どもの姿が学校に戻ってきたときに「できるだけ、今まで通りのことを、普通にして見せよう」直感でそう決めました。この授業ができたことで、へたり込んでいた場所から、どっこいしょと立ち上がることができました。

1年生道徳　いのちの学習～こんにちは、ゆきせんせいのあかちゃん～　　多目的室にて

＜授業のねらい＞
　先生とおなかの赤ちゃんを生教材として、その成長の様子を学ぶ機会にめぐまれた1年生。胎内のいのちが成長していく過程をいろいろな角度から学び、育っていくいのちと、その周囲にいる人々や自分のいのちについて考える。

＜道徳としてのとらえ＞
　連続する授業の中で、道徳内容項目のB－(6)親切・思いやり、B－(7)感謝、C－(13)家族愛、C－(14)先生を敬愛し、学校の人々に親しむ、D－(17)生命の尊さ、を関連させ実施する。

＜授業計画＞
＊及川が主にすすめる。必要に応じて1年担任、石川TもTTで参加する。
＊授業は学年単位で行うが、なるべく間隔をあけて座り、密集・密接しないよう注意する。
＊石川Tが産前休暇に入るまでに実施する。
＊授業の様子は写真に撮り、学級通信（担任）やほけんだより（及川）で情報発信をする。

	日時	学習内容・活動	留意点・資料
1	5/（ ）校時	おなかの中のあかちゃん おなかの中でどうやって育つのかな 先生のあかちゃんはこのくらい もう声が聞こえているよ B－(6)先生とあかちゃんに優しくしよう、C－(14)先生もお母さんになるんだね	手作り教材（胎児の成長・エコー写真） 手作り教材（パタパタ） 3ヶ月胎児人形・あかちゃん人形 優しく話しかけてみよう ＊絵本読み聞かせ　新井T
2	6/（ ）校時	あかちゃんの不思議 あかちゃんクイズ 先生のあかちゃんはこのくらい D－(17)いのちってすごい！	手作り教材（クイズ・パタパタ） 手作り教材（へそのおを流れる血は？） 元気に動いているかな？ ＊絵本読み聞かせ　村上T
3	7/（ ）校時	ママになってみよう 妊婦、新生児抱っこ、小さいあかちゃん抱っこ、3つの体験 先生のあかちゃんはこのくらい B－(7) C－(13)たくさんの人に可愛がってもらった、育ててくれてありがとう	妊婦体験用リュック・重り・バスタオル 3ヶ月胎児人形・あかちゃん人形 手作り教材（胎児の成長・エコー写真） 元気なあかちゃんをうんでね ＊絵本読み聞かせ　石川T

＊読み聞かせの絵本は、保健室にあるもの、1年担任所蔵お気に入りの1冊、図書室から選んで用意する、など。（保健室にある本）「つながってる！」サンマーク出版、「生まれてきてくれてありがとう」はすてな書房

　ゆき先生がBabyを授かってすぐ「赤ちゃんの授業をやろうね！」と約束しました。ゆき先生は、待ちに待ったBabyだったので「この幸せを子どもたちと授業で共有できたらメッチャ嬉しい！　幸せ倍増！」と喜んでくれました。4月から学校再開と予想し、健康診断繁忙期を避け、5月末くらいから産前休暇まで、月に1回、定期検診の後に授業を行う計画を立てました。
　けれども、6月に休校が明けても、分散登校、マスクをして私語厳禁、自分の教室以外に入ってはいけない、教室内では自分の机・椅子以外触ってはいけない、そんな緊張感のまる厳戒態勢の学校でした。特に1年生は学校自体に慣れてもいません。授業はあきらめるしかないのか…、そんな思いになりかけました。

　だんだんふくらんでくるゆき先生のおなかが背中を押してくれました。1年生担任3人はもちろん、校長先生も「こんなときだからこそ、心を育てる授業が大事」と応援してくれました。そして①空き教室→広い体育館を使用する、②妊婦体験・赤ちゃん人形だっこ体験→1つの教材を手渡しする内容をカットする、③3コマ目は各教室での実施、という変更を行い実施にたどり着きました。

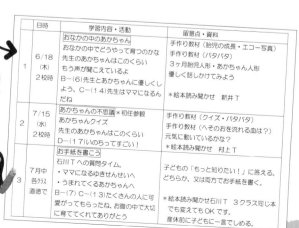

	日時	学習内容・活動	留意点・資料
1	6/18（木）2校時	おなかの中のあかちゃん おなかの中でどうやって育つのかな 先生のあかちゃんはこのくらい もう声が聞こえているよ B－(6)先生とあかちゃんに優しくしよう、C－(14)先生はママになるんだね	手作り教材（胎児の成長・エコー写真） 手作り教材（パタパタ） 3ヶ月胎児人形・あかちゃん人形 優しく話しかけてみよう ＊絵本読み聞かせ　新井T
2	7/15（水）2校時	あかちゃんの不思議　＊初任参観 あかちゃんクイズ 先生のあかちゃんはこのくらい D－(17)いのちってすごい！	手作り教材（クイズ・パタパタ） 手作り教材（へそのおを流れる血は？） 元気に動いているかな？ ＊絵本読み聞かせ　村上T
3	7月中各クラス道徳で	お手紙を書こう 石川Tへの質問タイム。 ・ママになるゆきせんせいへ ・うまれてくるあかちゃんへ B－(7) C－(13)たくさんの人に可愛がってもらったね、お腹の中で大切に育ててくれてありがとう	子どもの「もっと知りたい！」に答える。どちらか、又は両方でお手紙を書く。 ＊絵本読み聞かせ石川T　3クラス同じ本でも変えてもOKです。 産休前に子どもに一言しめる。

コロナ禍から立ち上がらせてくれた授業

こんにちは、ゆき先生の赤ちゃん

ここからはほけんだよりをご覧いただきます。子どもたちや担任の先生方と関わる過程で、元気とエネルギーをもらい、へたり込んでいたところから立ち上がっていく様子が想像していただけると思います。

健康教育紹介シリーズ ①いのちの学習 その(1)

こんにちは
ゆきせんせいの
あかちゃん

3時間をつかって行った授業です。1回目は分散登校が終りやっと、全員が毎日登校できるようになったばかりの6月18日。体育館で窓という窓を全部あけ1年生 3クラスが間隔をとってすわりました。

ゆき先生が産前休暇に入る前に、どうしても作りたくて、1年の先生方と相談して、工夫をし、やっと実現しました♡

5月と6月のあかちゃんのエコー写真を使い今、お腹の中でどんな様子なのか、1ヶ月でどんな成長がわかるかを学習しました。
「もう、みんなの話しかける声がきこえているよ」
「たくさんの1年生に応援されて、ゆき先生のあかちゃんは幸せいっぱいに育っているね」
そんな話をしてから、今まで以上に1年生は
「あかちゃん、おはよ〜！今日も元気？」など日々、ふくらんでくるゆき先生のおなかに話しかけてくれました。お兄ちゃん、お姉ちゃんの気持ち、いえ、パパやママ気分で、ゆき先生の身を案じている1年生もたくさんいました。それがまたメチャクチャ可愛いかったです。♡

ゆき先生本人も勉強になったようです♡
へえ、ホントだ〜

さかごだったBabyが、下を向いてくれた！そんな事も1年生では話題になっていました。

今、育休暇中の白取 良子先生のおなかのあかちゃんを教材に学習したときに作ったものも登場。エコー写真に胎盤がうまく写っていたものです。このエコー写真と、あかちゃん人形を使って 胎盤＝へそのお＝あかちゃん、それぞれの働きなどを学習しました。

今はこのくらい‼という パネル
おなかのあかちゃん
やっこう

1年生は まだ あかちゃんの弟や妹がいたり、ママのおなかが大きくて これから あかちゃんを迎えるというタイミングの人もいます。ゆき先生のあかちゃんのことでもあり、自分の家族とも重なるということでもあり、とても 大切で 楽しい 学びに広がっていきました。何しろ、1年生がとってもお世話になって、大好きな ゆき先生が 生の教材なのです。こんなステキな授業はありません！

オイカワのほけんだよりは超アナログ。デジカメでとった写真をちょうどいいサイズにしてプリントアウト。ハサミでチョキチョキ、ノリでペタペタバランスを見て貼ります。空きスペースにどんなコメントや文章を書くか、あとから考えます。

「え～、内容はあとから考えるの？ 計画性無しじゃん！」「そうですけど、何か問題でも？」完成版のほけんだよりをご覧ください。問題なく仕上がっておりますでしょ（笑）。

ほけんだより 12月 -(2) 2020.12月号 初声小

健康教育紹介シリーズ② いのちの学習 その(2)
（こんにちは、ゆきせんせいのあかちゃん）

ゆき先生のあかちゃん ちょうどこの位です。身長が36～40cm 体重は1kg～1.2kg ここへきて急に大きくなったね～

髪の毛もホワホワとはえて まつ毛、まゆ毛もはえてきたよ

上を向いたり、横になったりグルグル元気に動いていたあかちゃんは、下を向くようになってきます。

聞けば聞くほど あかちゃんて不思議！すごい！ 私たちもみんな こうやってあかちゃんとして成長し、うまれてきたんだよ！

1年生は「うわ～大きくなってるねー」などと声をあげて見入っていました。

先生は下を長く向くと@@メマイかしちゃうあかちゃんは大丈夫？

先週の検診で、ちょうどこの位と言われました。

おなかも急に大きくなってブカブカの服を着ていても目立つようになりました

お母さんのおなかの中には無重力の海がある？！
☆子宮の中は上も下もなく無重力のような状態。だから、あかちゃんは何日も下を向いたままでもなんともないのです。
☆上も下もわからないのに、ちゃんと下を向いてうまれる準備をします。
☆子宮の中は、羊水という水で満たされています。羊水は体温と同じ位。そして涙とよく似た海水にも近い水。あたたかい海の中に浮いているような感じかな。

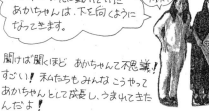

まだ小さいお子さんのいるイクメンパパ。おうちからお子さんも大好きな絵本を持参して楽しく読んでくれました。

毎回、授業の最後は担任の先生たちによる「命についてのステキな絵本」の読み聞かせでしめくくりました。
ゆき先生は3月に6年生を卒業させ、中学校へ送り出したばかりです。卒業式の日には、おなかにあかちゃんいましたが、まだ6年生には伝えてはせんでした。うわさで聞いた中1の卒業生たちが「ゆき先生、おめでとう～♪」と言いに来てくれました。

もうお子さんが大きくなったお母さん。お子さんがうまれた時のことを思い出して、ちょっと涙声にみて読んでくれました。

自分で読み返しても、いろいろな感情が押し寄せてきて泣きそうになります。実家から離れて暮らすゆき先生に、独身時代からおせっかいお母さんをしていたので「ヒロコママ」と呼ばれていました。孫が一人増える思いでした。

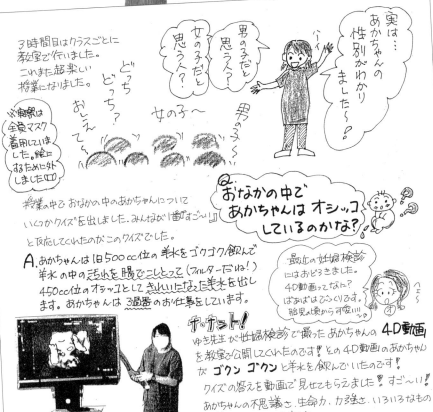

3時間目はクラスごとに教室で行いました。これまた超楽しい授業になりました。

※実際は全員マスク着用していました。絵にするために外しました(^^)

実は…あかちゃんの性別がわかりました〜!

男の子だと思う人?

女の子だと思う人?

どっちどっちおしえて〜

女の子〜

男の子〜

授業の中で、おなかの中のあかちゃんについていくつかクイズを出しました。みんなが「歯がすご〜い」と反応してくれたのがこのクイズでした。

おなかの中であかちゃんは オシッコしているのかな?

A. あかちゃんは1日500cc位の羊水をゴクゴク飲んで羊水の中の汚れを腸でこしとって(フィルターだね!)450cc位のオシッコとしてきれいになった羊水を出します。あかちゃんは3過番のお仕事をしています。

最近の妊婦検診にはおどろきました。4D動画ってなん? ばあばはびっくりです。胎児の頃から可愛い♡

ザ・ナ・ン・ト! ゆき先生が妊婦検診で撮ったあかちゃんの4D動画を教室で公開してくれたのです! その4D動画のあかちゃんが ゴクン ゴクン と羊水を飲んでいたのです! クイズの答えを動画で見せてもらえました! すご〜い! あかちゃんの不思議さ、生命力、力強さ、いろいろなものを感じることができました。

3時間のまとめに全員がゆき先生にお手紙を書きました。ゆき先生へのメッセージやあかちゃんへのメッセージ。つたない文字から1年生のゆき先生とあかちゃんへの愛と応援の気持ちがあふれていました。まとめてから、ゆき先生にプレゼントしようと考えていたのですが「自分で渡したい〜♪」声があがり、1人ずつ手渡し、エアハイタッチをしました。

1年生なりのソーシャルディスタンスも!!

産休入り間近だったのでお別れがさみしくて立さしこしまうフタも…。

「ヒロコママ、うまれました〜!」出産後まもなくBabyの写真が送られてきました。あのとき、羊水をゴクゴク飲んでいた胎児ちゃんがコロナ禍に強くたくましい産声をあげたのです。

MINI-NETA hoken-kyoiku!!

オイカワ流 Part3

保健教育

ミネタ

イラスト：オイカワヒロコ

chapter02

思春期シリーズ

思春期シリーズとは

　これこそ性教育では？　というネタが多いです。ただ、性教育として実施している感覚はあまりなく、どんどん変化していき、自分でも扱いにくい『自分の心とからだの操縦法第1弾』として思春期シリーズと命名しました。ここではオイカワが退職前のライフワークとして取り組んだ『性の多様性』も扱っています。

　養護教諭に一番お声のかかりやすいネタがこのシリーズではないでしょうか。お願いされてから、どうしよう…、と悩むことのないように、そして、子どもたちにヒットする「これこれ、こういうのが知りたかったんだ！」という授業をしてほしいと思っています。

　どうか、この思春期シリーズがお役に立ちますように、そう願っています。

思春期シリーズ①
女の子だより

　今も昔も養護教諭に一番お声のかかる「思春期ネタ」。初経指導のために作ったもの、4年生や5年生の保健学習で使ったものなどを「思春期シリーズミニネタ」に再編集してお届けします。昭和の時代からの熟成ネタ、最新ネタの「性の多様性」。どんな加工をしようかワクワクしています。小学校での実践ネタではありますが、思春期女子・男子なら中学生や高校生でも楽しめるはずです。どうぞ、みなさんの校種に合わせてアレンジして試してください。

初経指導は初任の頃から求められ実施していました。手元にある一番古いものは35年くらい前に作った「ステキな女の子」というプリントです。その後「女の子だより」に進化しました。その頃は「男の子だより」を作ることになるとは予想もしていませんでした。

4年生女子は保健学習で初経を先に学習し、水泳教室の前にさらに詳しく指導します。5年生女子はキャンプ前、6年生女子は修学旅行前に行います。それぞれ行事前の昼休みを使って指導しています。

思春期シリーズ①

〜女の子だより〜

@保健学習で初経が起こることは勉強したし、周りを見ても、女の子のからだが変わっていくのはなんとなくわかる。知りたいのは『いつ始まるの？』『ナプキンをどう使うの？』など超現実的なこと。そんな女の子の疑問に答え、不安も心配も解消するよ。

	〈指導の流れ〉プリントを見ながら説明を加えていく	
導入 2分		①教材を見せ、初経の仕組みを復習する。＊以下は教科書の記述です[1]。 女子では、思春期になると、月に1回くらい、卵巣から卵子が出されるようになります。それに合わせて、子宮の内側のまくは、栄養をふくんだ血液であつくなります。しばらくすると、まくがはがれ、血液とともに体の外に出されます。これを月経といい、初めての月経を初経といいます。 　　　　　　　　　1)『みんなのほけん　3・4年』学研

展開❶ 3分

②3つのサイン（4・5・6年）

初経がいつくるのかわからないと心配だね。実は体が「もうすぐ始まるよ」というサインを出してくれるんだ。3つのサインを紹介するね（p.68女の子だより参照）。

＊私、2つ当てはまる〜。全部なっている！　などの声があがることが多い。

③正しい下着とわきの下チェック（4・5・6年）
＊次頁のお手軽教材を回覧しながら、プリントにそって説明をします。合言葉は「自分が（発毛の）第一発見者になる！」だよ〜。と明るく話しています。
＊時間に余裕があるときは実際の下着を回覧します。ポケット付きサニタリーショーツをおすすめしています。忘れん坊だった娘がとても助けられました。

展開❷ 5分

④ナプキンの種類と当て方
⑤安心ポーチを用意しよう
⑥女の子おたすけ引き出しの紹介

ナプキン、サニタリーショーツ、汚れた下着を入れる色付きレジ袋などがポーチにセットしてあります。「保健室には女の子のおたすけ引き出しがあるんだ。困ったときは担任の先生にもオイカワ先生にも断らず、だまってこの引き出しから必要な物を持っていっていいよ。『キャー』ってなった時は先生を探している余裕ないからね、みんなを信用しているから作れた引き出しだよ」と話します。そして全員で保健室へ移動し、引き出しの中身を確認して解散します。

女の子おたすけ引き出し

初経指導の教材

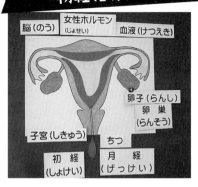

脳（のう）　女性ホルモン（じょせい）　血液（けつえき）

卵子（らんし）
卵巣（らんそう）
子宮（しきゅう）　ちつ
初経（しょけい）　月経（げっけい）

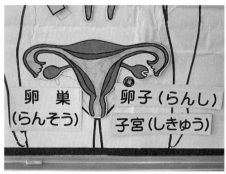

卵巣（らんそう）　卵子（らんし）　子宮（しきゅう）

よくある資料で大丈夫です。これもスケッチブックに追加しておくと便利ですよ。

人気のお手軽教材

学校でも 安心できる サニタリー

今はとてもいいものがあり幸せですね

ブラはまだ…という人にはキャミハーフ

初めてのブラ4つのステップいろいろあるね。

お年頃だった娘が可愛い下着の載ったカタログを楽し気に見ていたのがヒントになりました。ジュニア下着のカタログなどから商品名や値段を除いて切り貼りしコーティングしただけです。簡単で人気の教材です。お試しください。

　長女は小柄だったためからだに合うものが無く、ハーフトップの両脇を縫ってつめました。サニタリーショーツもサイズがありませんでした。今はサイズも用途も様々揃っていて、見ても楽しいです。可愛いもの、サイズがぴったり合ったものをきちんと身につけられていいですね。

この指導のとき、該当学年の男性職員も呼びます。勉強してもらわないと女の子は安心できませんから。「〇〇先生と●●先生は男の人だけれど、女の子が困ったときに知らん顔じゃ困るよね。マナーを心得て、ちゃんとみんなを守ってもらうために、一緒に勉強してもらおうと思うんだけれど許可もらえる?」と尋ね許可をもらった上でご招待します。許可の下りなかったことはありません。「イヤ、僕はちょっと…」と男性職員から言われたことはあります。「女性の先輩として、娘を持つ母として、男性にもちゃんと知っていてほしいので参加してね」と優しくお願いし断らせません（笑）。

女の子 だより

保健室より保護者の方へ
保健体育での「初経」の学習を
受け、女子だけで具体的な手当ての仕方を勉強しました。

3つがそろったら、いつ初経をむかえてもおかしくないよ

1. 胸に グリグリとした シコリのようなものができた
2. パンツに おりもの がつくようになった
3. 身長が グンとのびた

正しい下着をつけよう ＆ わきの下チェック

胸が グリグリとしてきた人、もう少し成長して グリグリがふっくらとした ふくらみに かわってきた人は、うす手のTシャツ1枚になるとき、下着をつけましょう。ハーフトップ・スポーツブラ・胸の部分が二重になったキャミソール等いろいろな種類があります。自分の好みと成長に合せ 選んでみましょう。
初経をむかえる前に発毛のある人もいます。お風呂では わきの下をチェックしてね。

サニタリーショーツ と ナプキン いろいろ

羽つきナプキン
夜用ナプキン
普通のナプキン

月経時には、ナプキンがしっかり固定できる サニタリーショーツを身につけます。普通のパンツと 伸縮性がまるで違う材。
実物のサニタリーショーツを手にとり、正しいナプキンのつけ方を練習してみました。

安心ポーチを用意しよう

安心
これで
安心ポーチ

入れたら
うす手の
ナプキン

小さなポーチ

上の3つの条件が そろった人は、いつ初経をむかえてもおかしくなりません。また、月経の始まっている場合も まだ不規則で、いつ次の月経がくるか不安定です。そのような人は、学校にも 休日のお出かけにも 安心ポーチを カバンの中に そっと持ち歩くと いつでも安心できます。

長年の経験から感じるのは、初経年齢が早まったこと、そして発毛年齢はもっと早まったということ。「自分が（発毛の）第一発見者になる！」は 4年生にぴったりの合言葉になりました。

女の子 だより

キャンプ・修学旅行など 宿泊行事前 保健室から

これから初経をむかえるアナタへ

1. 胸に グリグリとした シコリのようなものがある
2. パンツにおりものがつく
3. 身長が グンとのびた

この3つがそろっている人は、いつ初経をむかえても おかしくありません。行事当日に始まっても 困らないような準備をしておきましょうね。

胸が
グリグリ
してきた
よ

ふくらみ
かわってきた
よ

月経のはじまっているアナタへ

はじまって数年間は なかなかリズムが定まらない人が多いです。行事と重なりそうかどうか、ギリギリまでわからない人も多いですよね。重なっても 準備できていれば 大丈夫。心配いりません。

安心ポーチ

昼用
各種大 ナプキン サニタリーショーツ
大小
夜用

多分、重なる〜な人は 1日に2回分を 困らないよう しっかり安心ポーチ

もしかしたら...の人は 小さな安心ポーチ

これで 準備 OK

おフロは...

・別にはいる
・下着をつけたまま 太もも まで みんなと一緒に はいる

夜が心配...

・超ロングナプキンの 重ねづけをする
・シーツの上にタオルをしく
・夜中に一度おむつナプキンをとりかえる

など、本人の希望に合せて 対応できます。ご安心を。

万が一、失敗しても 本人が困らないよう しっかり対応します。ご安心を。

わきの下チェック ＆ 正しい下着をつけよう

初経をむかえる からだの変化の1つに 発毛があります。早い人は からだ ポワポワとして やわらかい毛が はえてくる人がいます。3年生後半頃 からだは自分でチェック？ 自分が第一発見者になりましょう。まずは 自分の 発毛への対応は いろいろあります。おうちの方と相談しましょう。

ハーフトップ
スポーツブラ

ポケット付
サニタリーショーツ

からだが変化してきた 女の子として レディへの第一歩。正しい下着をつけましょう。胸のふくらみが うすいTシャツからすけたり になったり... そんなことが ないようにしましょうね。それを気にして 初着保健室に いろいろな下着のカタログがあります。見るだけでも楽しいです。迷った時は 相談にきてください。

みんなが楽しみにしている 行事が近づいています。何の心配もなく 安心して活動できるよう 先生たちは 応援します。不安なことがあったら いつでも相談にきてください。

「ママも同じようなプリントでオイカワ先生に教えてもらったよ。懐かしい〜！」とお母さんが子どもに話してくれたこともあります。狭い三浦市の市内異動なので保護者に教え子がいっぱいです。

初任の頃、1学年5クラスの大規模校（単数配置でした（^_^;)）で、担任の先生方に初経指導の場に来てもらうことはハードルが高かったです。言い方は悪いですが「お任せするのでやっておいてね」だった記憶があります。いつからこんなに要領よく強くなったのかなあ〜、ワタシ。

思春期シリーズ②
男の子だより

『女の子だより』に続き『男の子だより』です。これは15年ほど前に、男の子の声で始まりました。キャンプや修学旅行前の女子指導を横目で見ていた彼らから、「オイカワ先生、ぼくたちも勉強したいよ〜。男子にはやってくれないの？　やって、やって〜！」とお願いされたのです。カワイイ (#^.^#) でしょ。

その時、男の子たちも自分のからだのことを知りたがっている、と強く感じました。私の先入観では、男の子は女の子より少し幼くて、大人数の中で話しても自分事となりにくい、だから、幼めの男の子の中で一足先に心身の変化を迎えた子への個別対応がよい、でした。「クラス全員でお風呂に入るんだから全員で一緒に勉強したい！」そう迫られて、嬉しかったです。私が若くてきれいなお姉さん養護教諭だったら、こんな声があがったかなあ…なんて思ったりもしましたが、「性別を超えた人間愛に満ちたばあばの特権だわ！」とありがたく受け入れました（笑）。

精通指導の教材

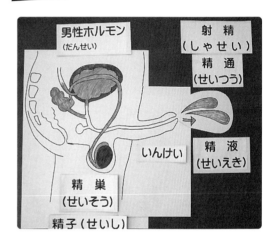

女子は水泳教室前の4年生から行いますが、男子は、5年生キャンプ前、6年生修学旅行前の2回です。それぞれの行事前に昼休みを使って指導しています。もちろん、女性担任も参加です。若い職員が増えている中、話す内容も指導ノウハウも覚えてもらう機会になります。

4年生の保健学習で使用する教材をそのまま使います。名称や単語はすべて教科書・指導書の通りにします。きちんとした言葉を使うことで茶化そうという空気が消えます。恥ずかしくてクスクス笑うと、かえって変に感じられます。

教材はパーツ毎に作製し、説明に合わせて貼っていきます。

ミニネタ No.14

思春期シリーズ②

〜男の子だより〜

＠４年生の時に、男の子もからだが変わるって勉強した。その時は「へえ〜」って聞いただけで実感はわかなかった。女子はコソコソ楽しそうに秘密っぽい話をしているけれど、男子同士はそういうの苦手で話しにくい。困ったなあ。そんな男の子の声に応え、キャンプ（修学旅行）で一緒にお風呂に入る気まずさを解消するよ。

	〈指導の流れ〉プリントを見ながら説明を加えていく

導入 3分

①教材を見せ、精通の仕組みを復習する。＊以下は教科書の記述です[1]。

男子では、思春期になると、いんけいがしげきを受けたときやねむっている間に、白い液が出ることがあります。これを射精といい、初めての射精を精通といいます。この白い液は精液といい、その中には、精子がまざっています。

1)『みんなのほけん　3・4年』学研

展開❶ 3分

②オネショじゃないよ。

眠っている間に射精が起こり、パンツがぬれていて、オネショをしたのか!?　とビックリしたりショックを受ける人がいるそうです。そんなときは『健康に順調にからだが成長している！』と思ってください。パンツは隠したり捨てたりせずにちゃんと洗濯に出しましょう。簡単に洗い流し、おうちの人に「朝、ぬれちゃったから、ちょっと洗って洗濯に出したよ」と伝えられたら完璧です！

③早くても遅くても心配ないよ（グラフを見ながら）。

早い人は小学校の間に経験するし、多くの人は中学校卒業までに経験します。もっと後で経験する人もいます。

展開❷ 4分

④さあ、キャンプ（修学旅行）だ！ お風呂だ！（プリントの下半分を見ながら）

男の子のからだの変化は、鼻の下のうぶ毛が少しずつ濃くなる⇒いんけいの周りにまだらに毛がはえてくる⇒わきの下、すねなどに毛がはえてくる、と言われています。個人差の大きいこの時期は、本当にいろいろな段階の人がいます。からだのでき上がった大人でも、毛深い人もツルツルの人もいます。声のすごく低くなる人から高音がきれいに出る人までいろいろです。
自分のからだも、お友だちのからだも気になって当たりまえ。思春期ってそういうことなんです。A君もそのうちB君みたいになるだろうし、B君もちょっと前はA君みたいだったはずです。コソコソしないで、わあ〜って楽しくしたほうがお得よね。

★友だちのからだをジロジロ見ない、何か言わない。

思春期マナーを守って、楽しくお風呂に入って、時間を有効に使いましょう。

男の子だより（5・6年生宿泊行事版）

男の子だより

キャンプ・修学旅行などの
宿泊行事にむけて　保健室

> 4年生の保健で学習したね
> おぼえているかな

これから精通をむかえるキミへ

男子では、思春期になると、いんけいがしげきを受けたときやねむっている間に、いんけいから白い液が飛び出すことがあります。これを射精といい、初めての射精を精通といいます。この白い液は、精液といい、その中には、命のもとである精子がまざっています。

おしっこをためるところ

精子が通る管

精子やおしっこが通る管

いんけい

精巣
【精子をつくるところ】

＊射精のとき、いんけいはかたくなり、上を向きます。

> 小4までに経験する人もいるし、中3から後に経験する人もいるよ。早くても おそくても心配いらないよ。いつかは みんなが経験するんだ。

> はじめてのとき おもらしかと思いびっくりする人がいるそうだよ

おもらし？…
あ…
夢精というよ

> 精巣で 毎日精子がつくられます。外に出さずに 精子がたくさん たまってしまったら…
> 大丈夫！からだに吸収されて 消えてしまうんだ。

精通をけいけんした人（2002年）

＊中3より後でけいけんする人もいます

各学年男女それぞれ100人中

（東京都幼稚園・小・中・高・心障性教育研究会の資料より）
（注）中3への質問。意味不明、無答は含まない。

おフロがちょっと はずかしい…だって

> まだ子どもっぽいからだだし
> もも はえてないし…

A

- 鼻の下のうぶ毛が 少しずつこくなる
- いんけいのまわりに まだらに 毛がはえてくる
- わきの下、すね などにも毛がはえてくる

人によって変化のおこる時期、順番が大〜きくちがいます。そんなことを気にするより、みんなで

ワイワイ 楽しくおフロに入っちゃおうよ！

大人になって成長が完成しても、からだのがっちりした人や 細い人、毛なこい人やうすい人 みんなそれぞれ、1人ひとりちがうんだから（・ε・）

> すぐに B くん みたいになるよ！

B

> 声もすこしかわってきたしからだも もうろ いろいろかわってきた
> 毛も チョビチョビで ちょっと…

> ちょっと前は A くん みたいだったよね！

みんなが楽しみにしている行事が近づいています。心配なこと不安なことがあったら いつでも相談にきてください。

オ

指導の様子

名前順、背の順、クラス順などあまり指示しません。「適当に座っていいよ〜」と言います。話しやすい友だち、悩みを共有できそうな友だちが近くにいたほうが安心して聞けるからです。

からだを寄せ合って一緒にプリントを見たり、コソコソ話もしています。特定の子がポツンと座り、「自分のことを何か言っているんじゃないのかな」と周囲をチラチラ気にしていたら気にかけてあげてください。担任と情報を共有して必要な対応をしてほしいです。写真右上のとき、そういう子がいました。担任に尋ねたところ、かなりからだが変化していて、周りが気をきかせ、あえて『放置』してくれていた結果でした。やっぱり、子どものことを一番見て知っているのは担任です。聞いてホンワカしました。

教科書の男子に起こる変化は、概ねこういった説明ですね。

教科書の説明は…

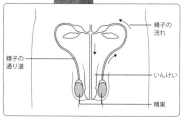 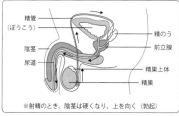 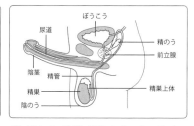

たいていの小学校保健の教科書。のっぺりしたイラスト。

たいていの中学校保健の教科書。少し詳しいイラスト。一応勃起に触れている。

勃起した状態が描かれている中学校保健の教科書もあるが、特に説明はない。

男の子の指導を始めてあかったのですが、女の子のからだの仕組みは詳しく説明されることが多いけれど、男の子の説明は不十分と感じています。小学校で使われる多くの説明イラストがこんな感じです。この、のっぺりしたイラストから『精通』の驚きをどう伝えればいいのでしょうか。男の子だよりには勃起した状態を表したイラストを教科書や指導書から探して載せています。p.69の手作り教材を使って、できるだけ丁寧に説明します。

個別に相談に来る男子に大活躍なのがコレ！　こんなにコスパの高い教材はありません!!

月刊『健康教室』連載「カラダのしくみ」。毎号コピーしてファイリングしてあります。

思春期シリーズ③

自分の成長を実感！

今回は4年生保健学習の実践をミニネタに加工してご紹介します。保健学習では女子の初経・男子の精通をメインに、からだの成長と変化を扱います。少しだけ思春期の心の変化にも触れます。『性の多様性』を指導している私には抵抗のある『異性に対する関心』という表現の部分です。その点については『性の多様性（ミニネタ No.16 ～）』で紹介します。

保健学習では、女子の初経・男子の精通をメインに、からだの成長と変化を扱いますが、目の前の4年生はまだ思春期の変化の兆しのない子もたくさん。特に男子は自分の成長を実感しにくいのが現状です。

健康カードなどを使って身長や体重の変化から導入することが多いのですが、そこも微妙です。個人差が大きい時期ですし、ついつい他人と比較しがちなお年頃でもあります。大きい子が優位であるかのような誤解も生まれるし、小柄な子は劣等感を感じることもあります。

そこで考えたのが、**以前はできなかったのに今はできるようになったことを成長ととらえ、様々な角度から成長を実感しようという授業です。**

少し前の自分と比較するので、小学1年生だったら記憶のある幼稚園・保育園の頃、小学校高学年だったら1年生のころと比較するといいでしょう。中・高校生でも可能です。〇〇できるようになったのは何歳（何年生）ぐらいだったか？ という形にすると盛り上がると思います。

今回はミニネタに加工したので、身長、体重は省き、自分の成長を見つける作業だけにしぼりました。「ちょっと前にはできなかった、あんなこと、こんなこと。いっぱいできるようになった！」、そんな嬉しい気づきを集める内容です。

いろいろな学年、校種で使えるネタですが、実践済みの授業の様子や子どもたちの声、反応をご紹介するために、今回は4年生版でお届けします。

～自分の成長を実感！～

@今、当たり前にしていること、ちょっと思い出してみて。それって1年生のころからできたかな？　みんなは気づいていないけれど、ものすごく成長して、いろいろなことができるようになっている。自分の成長を実感してみよう！　お友だちの意外な成長も聞けて、きっと楽しいよ！

		〈働きかけと流れ〉
導入 1 分		今日はみんなの成長探しをするよ。成長って背が伸びたり、体重が増えたりするだけじゃないんだ。できなかったことができるようになったら、それが立派な成長だよ。わかりやすいように3つのコーナーを作るね。 ＊イメージは前頁のイラスト。 ①食べ物コーナー　②生活コーナー　③運動・勉強コーナー
展開❶ 3 分		①食べ物コーナー：例を少しあげる。 ・小さい頃、ナスを食べられなかったけれど今は大好きになった。 ・小さい頃、ワサビ抜きだったお寿司が今はワサビ入りが美味しい。 ・小さい頃、ママと半分こしていたハンバーガー、今は2個いけるようになった。 例を聞くと自分にも「あるある！」ときりがないほど出てくるはずです。
展開❷ 3 分		②生活コーナー：例を少しあげる。 ・小さい頃、暗いと怖かったけれど、電気を消して眠れるようになった。 ・小さい頃、できなかったのに、一人でバスに乗れるようになった。 ・小さい頃、できなかったのに、風船ガムがふくらませるようになった。 生活コーナーは個々の生活の様子が出て、とっても面白いです。
展開❸ 3 分		③運動・勉強コーナー：例を少しあげる。 ・小さい頃、三輪車だったけど今は自転車に乗れるようになった。 ・小さい頃、ぶら下がるだけだった登り棒の一番上まで行けるようになった。 ・小さい頃、飽きちゃった字ばっかりの本が読めるようになった。 これも、例を聞くと「あるある！」ときりがないほど出てくるはずです。
		いっぱいになった黒板を見てまとめる。 みんな成長しているね～！（現在進行形）

保健学習後に発行した保健だより

大好きな成長エピソードは「幼稚園の時は、毎朝、園バスに乗るときママにバイバイすると泣いちゃったけど、今は『行ってきます』と言って手を振れる」でした。男の子です。読んだときに(*^-^*)キャー♡ってなりました。

4年生保健学習用ワークシート

4年保健　育ちゆく体と私　**成長する私①**

4年　組　名前

年　4月の身長	cm
年　4月の身長	cm

どのくらいのびた？

cm

こんな成長もあったよ

クツの大きさは？

食べられるようになったものは？

できるようになったことは？
・
・

このあと5年〜6年たつと体はどう変っていくんだろう？

お風呂が話題に出た時に、一人で入っている、誰かと入っている、で盛り上がりました。子どもたちがブッチャケで話しやすいように、担任を引き合いに出します。独身男性なら「何歳までお母さんと入っていた？」と質問（セクハラか？）。子どものいる先生なら「お子さんは誰と入ってるの？」、娘さんのいるパパ先生なら「いつまでお嬢さんが一緒に入ってくれるかな？」などなど。もちろんオイカワ家のことも話します。今は娘たちが独立し寂しいものですが、以前は、どちらかと一緒に入り、いろんな話をしました。女子風呂はゆっくり1時間入るのでおしゃべりもたっぷりでした。

子どもの話で意外だったのは、妹や弟をお風呂に入れている4年生が結構いたことです。出た後、湯船のお湯がすごく少なくなって、怒られる。妹・弟がオシッコしちゃう時があって大変。子どもたちの温かい日常が垣間見えてホッコリしました。

「新採用の時にできなかったけれど、できるようになったことは？」、担任にも質問をすると楽しいです。研修では養護教諭のみなさんに質問することもあります。『管理職に言いたいことが言えるようになった』『保護者の話を上手に打ち切れるようになった』などなどが返ってきます。あるあるです！

思春期シリーズ④
悩み相談室1（ネタばらし編）

　6年生への卒業前プレゼント授業をミニネタに加工し、全9回にわたりご紹介していきます。この授業は、思春期の悩み相談を切り口に、『性の多様性』にたどり着き、中学校で、制服など性別の壁を感じたときに、少しでも助けやヒントになったら嬉しい、という思いで作りました。一番のヤマは『性の多様性』を小学生にどう教えるか、でした。

きっかけは…

　LGBT、性的少数者、そんな言葉も情報もない頃から気になる子どもたちはいました。消化できず、忘れられず、ずっと心にとめていました。

20年前修学旅行のお風呂をこう表現したあの子が…

地獄だ〜

あの言葉がずっと胸に刺さったまま

　右上のイラストの飯田亮瑠さんは月刊『健康教室』に連載中のダイビーノンカフェ、オーナーです。この時、彼と繋がったのは本当に大きなご縁でした。退職までの数年で新しいことに取り組みたいと思っていたので『性の多様性』を授業に仕上げることが、オイカワの目標になりました。

　オイカワの背中をドンと力強く押してくれたのは「第55回学校保健ゼミナール」（2016年）の飯田亮瑠さんの講演でした。胸に刺さったものを聞いてほしくて楽屋に押しかけ、相談に乗ってもらいました。胸に刺さったものは授業へのヒントになりました。消えない思いというのは伝えたい思いだったんだな、とわかりました。

ミニネタ No.16

〜悩み相談室1（ネタばらし編）〜

授業で使う10個の悩みをミニネタに加工します。まずはその10個の悩みをご紹介し、ネタばらしをしていきます。

「授業を作るうえで参考にしている本はありますか?」よくこの質問を受けます。今回の授業もそうですが、何かを参考にすることはほとんどなく、かっこよく言うとひらめき、ぶっちゃけると思いつきです。さっとひらめくと言いたいですが、毎回、生みの苦しみを味わいます(*_*;

教えたいこと、伝えたいことが漠然としています。考えれば考えるほど、横道にそれたり、内容がワサワサ増えてきます。まさに収拾がつかない状態で、何回も「やーめた」と投げ出したくなります。実際、投げ出す場合もあります。それはご縁のなかったモノと割り切ります。

ひらめいた!

収拾のつかない状態のとき、ヒントになりそうな本や資料をありったけ目につく場所に置いて、もっとグチャグチャになってしまえ! と自分を追い込みます。そんな中で、不思議とモノになるご縁のある授業はまとまっていきます。ひらめきが降りてきます。思いつきにたどり着くまでしんどいので、あまりやりたくないのが正直なところです。

悩み①

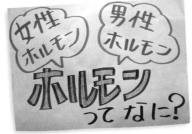

悩み②

悩み③

悩み④

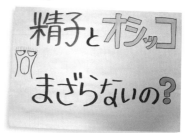

悩み❺

この授業では、思春期のあるある悩みを解決していきながら、『性の多様性』も特別なことではなく、同等な悩みの1つととらえることがポイントになっています。このポイントを思いついたときは目の前がパア〜と開けた気持ちになりました。

悩み❻

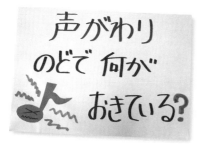

悩み❼

読者のみなさんも悩んで困って生みの苦しみを味わったうえで、オリジナルのモノを手に入れてほしいですが、手間ヒマもかかり苦しいので、もしオイカワの思いつきでできた授業が使えそうなら、有効に活用してほしいと思っています。きっと、実践するうえで各学校の実態に合わせて変化するだろうし、授業をする先生方の個性が乗り、いい味付けがされて、真似ではなくそれぞれのオリジナルに近くなるはずです。どこかで、誰かのお役に立ったら嬉しい！　これがオイカワの本音です。

悩み❽

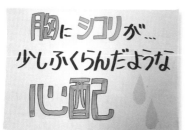

悩み❾

悩み❿

この授業、はじめは『性自認』にしぼり伝えていました。2018年12月、飯田亮瑠さんの協力を得て一緒に授業を作る中で『性的指向』についても伝えることにしました。『LGBT』は『性の多様性』と伝えるようにし、『当事者』という表現もやめました。飯田亮瑠さんとのコラボ授業は、p.105のほけんだよりに載せてあります。

授業で使用するワークシート

もっと知りたい 自分のこと① 2019.2.14(木)

①精子を出さないとパンクしちゃう？
②精子とオシッコ まざらないの？
③声がわり のどで何がおきている？
④胸にシコリが…。 やしふくらんだみたい

⑤週間も出血して血が足りなくならないの？
⑥生理が始まると身長がのびなくなるってホント？
⑦生理痛の薬、小学生がのんでもいいの？
⑧もっぷくいのが見たなる。どうとくなる？

男の子の悩み 　　　　　　　　　女の子の悩み

⑨ホルモンて何？ 男性ホルモン 女性ホルモン

⑩LGBTて何だろう？

男女共通の話

（え〜） そうなんだ、きいておいて良かった!!と思ったのは何番ですか（いくつでもOK）

（ほう） 不思議だな、と思ったのは何番ですか（いくつでもOK）

（うん） 男の子→女の子へ　相手のことで何が考えたことはありますか
女の子→男の子へ　初めて知ったことはありますか

（よかね） 悩み相談室の勉強をして どうでしたか

（あわね） ⑩LGBTについては 別にワークシートがあるよ。裏を見てね。

毎年、ほぼ同じ内容で記入してもらっているので、集計後、比較するとその学年の個性が出ます。

性の多様性 〜自分らしさの1つ〜② 2019.2.14(木)

体の性別 と 心の性別
同じ人もいる 違う人もいる

好きになる相手の性別
いろいろある

個人の性は その人が決める
〜自分らしく 生きる〜

みんなどこかのグループに入っている
グループの大きさが違うだけ

今日からは LGBTではなく「性の多様性」と言ってほしい

1 「性の多様性」について
今日はじめて知った　・　前から（少し、なんとなく）知っていた

2 不思議だな、もうすこしくわしくみたいな、と思うところはありますか

3 今日の話をきけてよかった、と思えたところはありますか

4 話をきく前と、きいた後で、考え方や感じ方など 変わったところはありますか

6年　　組　　　　　　　　　　　

2018年度は、ほぼ同じ内容で5年生と6年生に記入してもらいました。成長段階が見えます。

オイカワのワークシートは基本、手書きの手描き。ゆるゆるっとした空気感をかもし出す効果は絶大です。子どもたちもつられて、ゆるゆるっと気持ちを書いてくれます。

思春期シリーズ⑤

悩み相談室2
「ホルモンってなに？」

　6年生卒業前プレゼント授業をミニネタに加工してご紹介します。この授業は、思春期の悩み相談を切り口に、性の多様性にたどり着きます。中学校、高校でも活用できる内容です。実態に合わせアレンジして試してみてください。今回は今後の全部の悩みにじんわりと関わる内容です。シリーズで行う場合は、毎回この悩みを用意しておき「ほら、前に勉強したよね」と提示し、記憶を重ね塗りしていくとよいですよ。

「ホルモンってなに？」教材

ホルモンに関する悩み
教材の表紙

開くと…

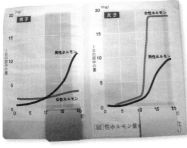

ホルモン分泌
の推移に関す
る教材

ホルモンが作られる
部位を説明する教材

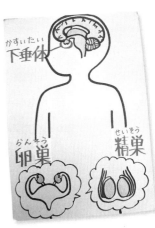

　上の教材は、娘が中学校に臨任の養護教諭として勤務していた時に作ったものです。当時の教科書か指導書に載っていた資料だそうです。残念ながら出典の記録がなく詳細は不明です。とってもいい資料なのに…。資料には出典を必ず記録！これ大事です。

ミニネタ No.17

思春期シリーズ⑤

〜悩み相談室2「ホルモンってなに？」〜

@放課後の保健室にはいろんな悩み事を抱えた人が相談に来るよ。今日はどんな悩みが飛び込んでくるのか、楽しみだなあ。え？ そうだよ、保健室には病気やケガのときだけじゃなく、心やからだの相談に来てもいいんだよ。遠慮しないで保健室に来てね。すぐに答えられないこと、わからないことも、あるかもしれない。そんなときは、ちゃんと調べて答えるから、安心してね。

	働きかけと流れ
設定	放課後の保健室に一人でいると、悩みを抱えた児童・生徒が「トントン、今、いいですか？」とやってくる。「どうぞ、入って」と優しく促す。＊ここ大事、実際に保健室に相談に行きたいと思うかどうかの分かれ道、この先の保健室経営に関わってきます（ちょっと大げさかな？）。先生方のお好きな声かけの仕方でお願いします。

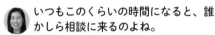

導入 1分	いつもこのくらいの時間になると、誰かしら相談に来るのよね。 トントン、今、いいですか？ 誰もいないよ、どうぞ〜。 どうもわからなくて、一度聞いてみたいと思っていたことがあって。	どうぞ、なんでも聞いて。 授業でも『男性ホルモン、女性ホルモン』が出てきたし、TVでもよく聞くけれど、なに？ どこにあって、どんな形で、どんなモノなのかなあ、って。ホルモン焼きのホルモンとは違うよね？

展開❶ 3分	①ホルモンはどこで作られ、どうやってからだ中に運ばれる？ ・男性ホルモンは精巣で作られ、精通などの変化を起こす。 ・女性ホルモンは卵巣で作られ、月経などの変化を起こす。 ・作られた男性ホルモン、女性ホルモンは血液にまざり、血管でからだのアチコチに運ばれ、アチコチで変化を起こす。

展開❷ 5分	②男子にも女性ホルモン？　女子にも男性ホルモン？ ・実は、男子にも女性ホルモン、女子にも男性ホルモンが作られている。どこでだろう？ 副腎に帽子のように乗っている副腎皮質という場所で作られている。 ・男女でそれぞれのホルモンの出る量がこんなに違う。女子のほうが早くお姉さんになっていくのはコレかな。

 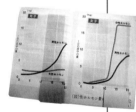

まとめ 1分	へえ〜〜〜。知らなかったことがいっぱいわかった！ たとえば？ 男性ホルモン、女性ホルモンは、ホルモン焼きのホルモンとは違うってこと。形のあるモノじゃなくて、血液にまざっ	て全身にぐるぐる行き渡るんだね。それに、男子にも女性ホルモン、女子にも男性ホルモンが作られているのはびっくりした！ 先生、ありがとうございました！ また、聞きたいことができたら来ます！ お役にたってよかった！ また、いつでも来てね。

会話もいろいろバリエーション

バリエーション ❶

楽しさ2倍 T.Tで

保健室は相談室

誰かなっ

ハーイ

どうぞ

せんせ〜 ちょっといいですか〜

ヒョュ

❶担任とのTTは本当に楽しいです！ 子どもウケもバッチリです！ 教員はこういう小芝居が得意な人が多いですよね。頼みもしないアドリブが次から次へと織り込まれることも多いです。もちろん、受けて立ちます！ アドリブ返し!!

❷幼いころから落語好き。高校では落研だったオイカワ。実はこのパターンも好きです。
❸女芸人さんパターンも、お笑い好きな人ならイメージができて楽しいですよ。私がやると友近っぽくなっているかも、です。
❹やりやすいのは相方を作るパターンかな。相方がぬいぐるみでも、子どもの視線がそちらに向かうと気持ちが楽になります。

バリエーション ❷

しゃべり方 声色を少し変えて 1人2役 落語パターン

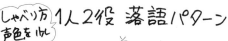

そういう事 あるある

ずっとわからなくて

子ども役の時にサッとかけても

楽しいですよ

バリエーション ❸

見えない相手としゃべっている

女芸人さんパターン
柳原可奈子・横澤夏子のイメージ

案外大人も知らないよ

よくぞきいてくれた!

なるほど ホルモンって何か 今さらきさにくかったのか〜

で、何が心配なの？

相談者がいるように見えてくる

バリエーション ❹

相棒はぬいぐるみパターン

大丈夫だよ〜

心配でこっそり来たの

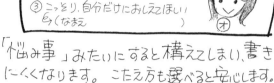

こんなことも聞いてみたいカード

ちょっと不思議・もっと知りたいことカード
実はよくわかっていないから、ちゃんときいてみたいこと
なんでもOK

こたえ方も
えらんでね

① みんなで一緒に勉強したい
② 答えを ほけんだよりにのせてほしい
③ こっそり、自分だけにおしえてほしい
（くなまえ　　　　　）（オ）

「悩み事」みたいにすると構えてしまい、書きにくくなります。　こたえ方も選べると安心します。

悩み相談室の授業はシリーズで扱っていました。もし、同じようにシリーズでやってみたいと思った方はこんなのいかがでしょうか。子どもからナマの声を吸い上げるには、先生方の手書きのゆるゆるっとしたカードが有効だと思います。吸い上げた新たな疑問や悩みを吟味し、教材を作ったり、適した本を活用し、該当するページを紹介してもミニネタになります。

月刊『健康教室』（東山書房）に連載中の樋口桂先生の「カラダのしくみ」は、超活用できます。からだに関する大抵の内容は網羅されています。それもカラーで、詳細な説明付きです。苦労して教材を作らなくても、あるものを活用する、楽することは悪いことではありません。

ところで、教材の保管方法は？

よく質問を受けるので、教材の保管方法についてご紹介します。

私は製図を入れるケースに番号を付けてしまっています。何番がどの教材か一目でわかるような工夫もしています。お声がかかったら、このケースをもってホイサッサと教室に向かえるように準備しています。

普段はハワイアン調のクロスで目隠し。

1	女の子のカラダ	9	心のしくみ・成長
2	男の子のカラダ	10	心のトレーニング
3	男女のカラダ	11	生活リズム1
	悩み相談Q&A		排便・睡眠
4	おへそのヒミツ	12	生活リズム2
	受精・絵本		環境・清潔
5	胎児の成長	13	病気・健康けんちゃん
	クイズ・ファイル		生活習慣病
6	身近なお酒・ファイル	14	エイズ
	NOという勇気		
7	たばこ1	15	ケガ防止・手当て
8	たばこ2・薬物	16	歯科指導

番号が連動しているから一目瞭然。

注文された番号を収納棚から探します。

よくお声のかかる定番のメニューは1クラス分のワークシートを印刷して入れてあります。急な注文でも、印刷などの手間や時間を省いて、さっと教室へ向かえます。複数の授業に使いまわせる教材は、一番頻度の高いバッグに入れておきます。使うはずの教材が別のバッグに入れたままになっていて困った…という失敗もあります。

思春期シリーズ⑥

悩み相談室３
「ホルモンのイタズラ？」

　６年生卒業前プレゼント授業をミニネタに加工してご紹介します。この授業は、思春期の悩み相談を切り口に、性の多様性にたどり着きます。中学校、高校でも活用できる内容です。実態に合わせアレンジして試してみてください。今回は、ミニネタ No.17 でお届けしたホルモンに関わるお悩みです。「この前習ったホルモンがここにつながるのかあ」と、記憶を重ね塗りしていきます。

「ホルモンのイタズラ？」教材

【女の子の悩み教材】

開くと…

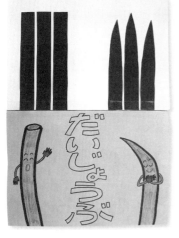

【男の子の悩み教材】

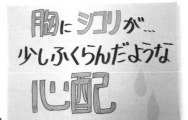

開くと…

この教材は、この授業の中でもお気に入りの２つです。女子の悩みに男子が「えええ〜、そうなんだ！」という反応をしてくれます。男子の悩みに女子が「知らなかった…」と反応してくれます。知らなかったことを知った時の子どもたちの表情は、なによりのごほうびです。

〜悩み相談室3「ホルモンのイタズラ?」〜

@放課後の保健室にはいろんな悩みごとを抱えた人が相談に来るよ。今日はどんな悩みが飛び込んでくるのか、楽しみだなあ。

＊思春期の頃の記憶をたどり、子どもと同じ目線で、不安な気持ちに寄り添って答える様子をお芝居で見せて伝えましょう。

	働きかけと流れ
設定	放課後の保健室に一人で居ると、悩みを抱えた児童・生徒がやってくる。 ＊女子、男子が一人ずつ入れ替わり、たずねてくる設定です。
展開❶ 4分	トントン、今、いいですか? 誰もいないよ、どうぞ〜。（女子が相談に来た設定） 腕の毛が濃くなったのが気になって、お母さんのカミソリで剃ろうとしたら、濃くなるからやめなさいって言われたの。本当ですか? 毛深くなるのは男性ホルモンのイタズラ。「剃ると濃くなる」は迷信みたいなもの。剃っても濃くならないから大丈夫。これを見て、左右、同じ太さの黒い紙。先端と長さが揃っていると濃く見えるんだ。視覚マジック。 本当だあ〜。そうだったのか。良かった！ 女の子にも男性ホルモンがあるんだね。不思議〜。先生、ありがとう、さようなら。 
展開❷ 4分	トントン、センセ〜、誰かいる? 誰もいないよ、どうぞ〜。（男子が相談に来た設定） すごく心配で…。でも、誰にも言えなくて…。 勇気を出して来てくれたんだね、ありがとう。よかったら聞かせて。 あの、最近、胸がちょっとふくらんできて…。病気かなあ…。 男の子にも女性ホルモンが作られるんだ。その女性ホルモンのイタズラだよ。  一時的なものだから、そのうち戻るよ、大丈夫！ 良かった〜、マジで心配だった！ 男の子にも女性ホルモンが作られるなんて知らなかったよ。不思議〜。先生、ありがとう、さようなら。
まとめ 2分	・男子にも女性ホルモン、女子にも男性ホルモンが、副腎皮質という場所で作られている。 　思春期になり、急にホルモンの量が増え、イタズラをすることがある。 ・女の子が急に毛深くなったり、男の子の胸がふくらんだり。気になるし、びっくりするよね。 　しくみがわかるとホッとするし、不思議！ 人間のからだってよくできているなあ、と思うね。 ・何かあったら、悩まずに保健室に聞きに来てね (^_-)

☆流れは最低限の言葉をコンパクトに載せています。詳しい説明などは次からのページをご覧ください。
　ネタに使える時間に合わせて説明を追加し、使い勝手がいいように加工してください。

ミニネタNo.17で紹介したホルモンに関する教材を一緒に提示します。女子の悩み、男子の悩みの真ん中に置くと視覚効果が大きいです。視覚に訴え、記憶の重ね塗りをしていきます。

ホルモンってなに？

ホルモンはいろいろなところから出て、いろいろな働きをしている。ほんの少しですごい働きをする。

ホルモンにはいろいろな種類があるが、思春期にからだを大人に変化させるのが「性ホルモン」。男性ホルモンは精巣で作られ、女性ホルモンは卵巣で作られる。作られた性ホルモンは血液に混ざって全身に運ばれ、男子は精通が起きたり、声が太くなったり、がっちりしたからだつきに変わっていく。女子は、月経が始まったり、胸がふくらんだり、ふっくらしてくる。男女ともに性毛やわき毛がはえてくる。

実は、男子にも女性ホルモンが、女子にも男性ホルモンが作られている。腎臓の上に帽子が乗ったようなモノがある。副腎。ここで作られている。男子はたくさんの男性ホルモンと少しの女性ホルモン、女子はたくさんの女性ホルモンと少しの男性ホルモンを作っていることになる。

ホルモンのイタズラ：女子編

女子に性毛やわき毛がはえるのは、少量作られている男性ホルモンの働き。思春期で急に性ホルモンが活発に働くと、腕や足などが急に毛深くなることがある。毛深さは個人差が大きいので、性ホルモンが落ち着いても、最終的に毛深い女子もいるし、逆に毛深くならずに、つるつるピカピカが悩みになる男子もいる。

ただ、この時期は、今まで幼児のすべすべ肌だったところに濃いうぶ毛が突如はえてくるので、目立ち、気になってしまうことがある。気になって、コンプレックスになるようなら、剃っても濃くなることは無いので、シェーバーで剃るのもOK。他にもいろいろな処理の仕方があるので、お母さんやお姉さん、従姉のお姉さんなど先輩に相談してみよう。

本やインターネット上に山のような情報があります。そこから『子どもたちに語るとしたら、どうだろう』『子どもたちが身近に感じる説明かなあ』という視点で言葉を選びます。そして、解説や説明をするというより、オイカワのフィルターを通した『語りかけ』に変換します。

ホルモンのイタズラ：男子編

男子にも女性ホルモンが少量作られるが、思春期に性ホルモンが活発に働くと、この少量の女性ホルモンが思わぬイタズラをすることがある。男子の胸にシコリができて痛んだり、少しふくらんだりすることがある。左右一緒の場合も、片方だけの場合もある。すべて思春期女子に起こることと同じ。

しばらくすると男性ホルモン、女性ホルモンの活動やバランスが落ち着いて、元に戻るので心配はいらない。病気かな、と心配になったり、自分のからだはおかしいのかな、と不安になったりするよね。でも、この女性ホルモンのイタズラは3人に1人は起こると言われている。それほど珍しいことではないんだ。お父さんやお兄さん、従兄のお兄さんなど先輩に相談すると「私もなったよ」という声が聞こえると思う。

授業でこの質問を男性職員に担当してもらうと、かなりの頻度で「実は先生もなったんだよ」と体験談を話してくれます。3人に1人というのは本当だと実感しています。

先輩男子の体験談を聞くと、6年男子が安心するだけでなく、若い女子職員が「そんなことがあるの？」とビックリします。その反応は一緒に授業を受けている6年女子と全く一緒（笑）。子どもたちだけでなく、先生方の育ちあいにもなっています。

写真の二人の男性職員は経験談を語ってくれました。「実は先生もなったんだ。超びっくりしたし病気かなって心配になって、誰にも相談できなくて悩んだよ」という人。「実は友だちが先になっていて、相談をされていたんだ。そしたら自分もなったから、みんな、なるものなんだな、って思って、あまり不安にならなかった」という人。仕込みではなく、お願いもしていないのに、みな、自主的に子どもたちに語ってくれました。

思春期シリーズ⑦
悩み相談室4
「足りなくなる？ パンクする？」

　6年生卒業前プレゼント授業をミニネタに加工してご紹介します。この授業は、思春期の悩み相談を切り口に、性の多様性にたどり着きます。中学校、高校でも活用できる内容です。実態に合わせアレンジして試してみてください。今回、女子は『足りなくなる？』、男子は『パンクする？』という、対照的な悩み相談です。

「足りなくなる？ パンクする？」教材

【女の子の悩み教材】

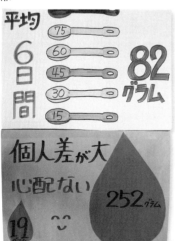

開くと…

【男の子の悩み教材】

開くと…

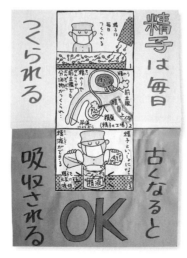

女子も男子も、大人になってしまえば、なんてことない疑問・悩みです。でも、月経初心者や月経待機（もう始まるのかなあ〜）の女子、精通初心者や精通待機（おい、いつ起こるんだ？）の男子には、切実な内容なのです。そして、一緒に指導している男女職員が「へえ〜」と唸ってくれるのも嬉しいです。特に男子の内容については、ほとんどの職員が知りません。

〜悩み相談室4「足りなくなる？ パンクする？」〜

@放課後の保健室にはいろんな悩みごとを抱えた人が相談に来るよ。今日はどんな悩みが飛び込んでくるのか、楽しみだなあ。

＊思春期の頃の記憶をたどり、子どもと同じ目線で、不安な気持ちに寄り添って答える様子をお芝居で見せて伝えましょう。

働きかけと流れ	
設定	放課後の保健室に一人で居ると、悩みを抱えた児童・生徒がやってくる。 ＊女子、男子が一人ずつ入れ替わり、たずねてくる設定です。
展開❶ 4分	トントン、今、いいですか？ 誰もいないよ、どうぞ〜。（女子が相談に来た設定） お母さんとお姉ちゃんが月経中、トイレの汚物入れがすぐにいっぱいになるんだ。1週間くらい続くし、あんなに血が出ちゃって大丈夫なのか心配。 月経の血液は1週間分足しても平均82グラム。量に個人差が大きいけれど、 その人に合った量をからだが決めていくんだよ。だから、心配ないよ。 そうなのか。良かった！ 私はお母さんやお姉ちゃんに似るのかなあ？ 体質は似ることが多いから、お母さんやお姉さんにいろいろ教えてもらえると安心だね。 うん。先生、ありがとう。さようなら。
展開❷ 4分	トントン、センセ〜、誰かいる？ 誰もいないよ、どうぞ〜。（男子が相談に来た設定） すごく心配で…。でも、誰にも言えなくて…。 勇気を出して来てくれたんだね、ありがとう。よかったら聞かせて。 僕くらいになると、精子がたくさん作られるようになるって、教科書に書いてあった。でも、僕はまだ精通がないんだ。 どんどん作られてパンクしてしまわないか、心配で…。 人間のからだは良くできていて、古い精子はからだに吸収されて処理されるから、心配ないんだよ。 良かった〜、ホッとした。先生、ありがとう、さようなら。
まとめ 2分	・月経の血液量は個人差が大きい。その人に合った量。そして案外少ない。 ・毎日新しい精子が作られるようになり、古い精子が残っていると、吸収されて処理される。 ・何かあったら、悩まずに保健室に聞きに来てね (^_-)

（表中画像）個人差が大 心配ない 19 〜〜 252グラム

☆流れは最低限の言葉をコンパクトに載せています。詳しい説明などは次からのページをご覧ください。
　ネタに使える時間に合わせて説明を追加し、使い勝手がいいように加工してください。

1週間も出血して血が足りなくならないの？

　月経血が一気に出てこないで、数日かけて出てくるのは、子宮のサイズや毎月のホルモン分泌量のほか、子宮口の大きさとも関係がある。子宮の出入り口は、ストローの穴より細い、ごくごく小さな穴。だから、血液がそこを通るには、ある程度の日数がかかってしまう。何日間かにわたって少し

ずつ出る人や、最初の日や二日目にたくさん出て、あとは少ししか出ない人もいる。
　月経期間中の全経血量は19グラム〜252グラム、平均で82グラムと言われている。人によって個人差が大きいけれど、それはその人のからだに一番合った経血量なので、心配することはない。

精子を出さないとパンクする？

精巣と精巣上体の断面

精巣動静脈

精巣上体管（断面）

数か月、射精されずに古くなって変質した精子は、精巣上体管の上皮から吸収されます。

毎度、宣伝するようですが、『健康教室』の樋口先生の連載は本当にお役に立ちます！　欲しい答えがたいてい見つかります。実際のページには超詳しく構造が解説されています。必要な内容、伝えたい内容を上手に教材化してください。

【出典】『健康教室』2013年9月号「ビジュアル解剖学　カラダのしくみ⑱精巣・陰嚢」より

p.203にツーショット写真あり！

もともと樋口先生ファンのオイカワ、こうしてコラボできてすごーく嬉しいです。もちろん、編集者さん経由で了解をいただいてあります。自分が興味をもったモノ、好きな分野は教材や授業にしやすいです。楽しんでできます。逆は…ンン ですよね、オイカワも同じです。でも大人の事情で、やらねばならない時はみんなあります。ファイト！

ほけんだより

2017.3月
6年生卒業おめでとう号

放課後の保健室は、いろんな悩みを相談に来る子がいるの。さあ今日はどんな悩みが飛びこんでくるかしら♪

こどもっぽかった男子も 背がのびて 声がかわって…。女の子たちは 遊んだり ケンカしたり お姉さんぽくなり…。小学校の時はあまり意識せず 遊んだり ケンカしたりな男女ですが、男女で別の制服がある中学生になるとぐっとお互いの見え方や距離感が変わります。そんな卒業前のこの時期に、この時期だから 出来る 男女一緒の授業をチーム6年生で行いました。

① 精子は毎日新しく 作られているんだ。数ヶ月、たまると 古くなって 質も悪くなり とけて、吸収されているから 心配ないよ。パンクしないから大丈夫！！

② 精子が通るときは ぼうこうの 出口がしまる。オシッコが通る ときは 精子の出口がしまる。そういうセンサーが体にはあって 絶対にまざらないようになっているんだ。スゴイよね。

⑤ ナプキンにしみこんだ血を 見ると すごく多い感じだけど 平均5日間の生理期間で出血は 82g。大きめの卵1個分 くらいかな。それほど多くないんだよ。

⑥ 生理が始まった ら、背がのびなくなる…のではなく 背の のびが止まる 後に生理が始まるのです。それも 個人差があって、生理が 始まった後も、20才をすぎても、ジワジワと背がのび 続ける女子が結構います！！

もっと知りたい自分のこと

2017.3.8(水)①

①精子を出さないとパンクしちゃう？
②精子とオシッコ まざらないの？
③声がわりのとき何がおきている？
④胸にシコリが…いたくふくらんだような…

⑤1週間も 出血して 血が足りなくならない？
⑥生理が始まると身長がのびなくなる ホント？
⑦生理痛の薬 小学生がのんでもいいの？
⑧毛ぶかいのが気になる。そるとこくなる？

③ 男の子の のど は 思春期に 倍の の大きさになるんだって。足が2倍のサイズになったら歩くのすごく大変だよね。背が2倍になったら、生活なまるで変わっちゃう～。のどでは そんな トンデモナイ ことがおきているから、声がひっくり返ったり急に低くなったりするんだよ。

⑦ホルモンて何？男性ホルモン 女性ホルモン
⑩LGBTてなんだろう？

授業で使ったワードシートです♪

⑦ 生理痛なんて全くない！！生理中だ ということを忘れてしまう人も多いけど 痛みを感じたり ねむくなったり 頭痛がしたり… 大事なのは 痛みをガマンしないこと。イロイロ。 ガマンすると 痛み物質が たくさん作られてしまうんだ。「あっ！痛くなり始めたかも！」 というタイミングで 早目に薬を 飲むのがいいんだよ。 小学生が飲める 痛みどめ薬は、薬局で相談してね。

④ 3人に1人は、そんなことがおこって 心配するんだ なぜ？は⑦子

⑨ 副腎というところから男の子に 女性ホルモンが、女の子に男性ホルモンが 作られるんだ。男の子が胸にシコリができる。女の子が体もごつくなる。どちらも、そのためにおこるんだよ。

⑧ なりません！ア どう見ても毛は 自然のまま だとき失礼な

そった毛は 太さも長さも 同じ

だとき失礼な 細く長さも まちまち

2017年、2018年、2019年のこの授業のほけんだよりを小分けにしてご紹介していきます。手探りながら、6年生チームと楽しみながら授業をしている様子が伝わると思います。ほけんだよりでは、最新の健康情報＜保健室でのあれこれ・ホットな情報にしています。一番は、オイカワしか書けない描けない現場の様子を、どこまで保護者に湯気が出ているうちにお届けするか、です。誤字脱字なんてヘッチャラ（そりゃまずいだろう（+_+））、最優先はホットな現場情報です。

思春期シリーズ⑧

悩み相談室 5
「月経で身長 STOP ？ 声がわりって？」

6年生卒業前プレゼント授業をミニネタに加工してご紹介します。この授業は、思春期の悩み相談を切り口に、性の多様性にたどり着きます。中学校、高校でも活用できる内容です。実態に合わせてアレンジして試してみてください。今回、女子は『月経が始まると背が伸びなくなる』というのは都市伝説か？男子は『声がわりの謎』に迫ります。

「月経で身長 STOP ？ 声がわりって？」教材

【女の子の悩み教材】

開くと…

【男の子の悩み教材】

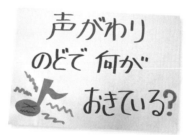

開くと…

声がわりの仕組みに関しては、毎年反響が大きいです。身近に声がわりしている現在進行形の友だちがいる、また、自分も変化が起こり始めている男子が多いせいかな。女子にも緩やかながら声がわりが起こっているという事実や「1年で2倍」というわかりやすい部分かな。

ミニネタ No.20

思春期シリーズ⑧

～悩み相談室5「月経で身長STOP？ 声がわりって？」～

@放課後の保健室にはいろんな悩みごとを抱えた人が相談に来るよ。今日はどんな悩みが飛び込んでくるのか、楽しみだなあ。

＊思春期のころの記憶をたどり、子どもと同じ目線で、不安な気持ちに寄り添って答える様子をお芝居で見せて伝えましょう。

働きかけと流れ	
設定	放課後の保健室に一人でいると、悩みを抱えた児童・生徒がやってくる。 ＊女子、男子が一人ずつ入れ替わり、たずねてくる設定です。

展開❶ 4分

トントン、今、いいですか？

誰もいないよ、どうぞ〜。（女子が相談に来た設定）

先生、私、昨日、生理が始まったんだ。

おめでとう。一歩、お姉さんになったね。

お母さんがもう背が伸びなくなるって言うんだけれど本当なの？

女の子には3回の身長伸び期があるんだ。①赤ちゃんから幼児に、グングン大きくなる。②思春期が始まるころは成長ホルモンでグッと大きくなる。③思春期以降は女性ホルモンでじわじわ身長が伸びる。

月経が原因で身長の伸びが止まるのではなく、②でグッと大きくなる時期にちょうど月経も始まり、からだつきも変わり始めるので、そう感じる人もいるんだね。それだって個人差がとっても大きいんだよ。

安心した〜。帰ってお母さんに教えてあげる！ さよなら〜。ありがとう〜！

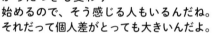

女性ホルモン（初経（生理）） 成長ホルモン 栄養

展開❷ 4分

トントン、センセ〜、誰かいる？

誰もいないよ、どうぞ〜。（男子が相談に来た設定）

（かすれ声で）センセイ、サイキン、コンナコエニナッチャッテ…。

おお、声がわりだね、一歩、お兄さんになったね、おめでとう。

僕の声ってどうなっちゃったんですか？ちゃんと治るのかなあ。

1年でのど（喉頭・声帯）が2倍にもなるそうだよ。大きな変化に慣れるまでかすれたりするんだ。そのうち今までより低い声で落ち着くから大丈夫。

良かった〜、ホッとした。先生、ありがとう、さようなら。

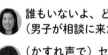

のどぼとけ（喉頭隆起）

まとめ 2分

・月経が始まると身長の伸びが止まるのは誤り。身長がグッと伸びたあとに初経を迎えることが多い。ともにホルモンの働き。

・1年でのどが2倍になり、急な変化に慣れるまで声がかすれたりする。じきに落ち着く。

・何かあったら、悩まずに保健室に聞きに来てね (^_-)

☆流れは最低限の言葉をコンパクトに載せています。詳しい説明などは次からのページをご覧ください。ネタに使える時間に合わせて説明を追加し、使い勝手がいいように加工してください。

月経が始まると身長が伸びなくなるってホント？

　女の子の身長の伸びるパターンは3段階と言われます。

> ①3歳までの乳幼児期〜栄養を主に身長が伸びる
> ②4歳から思春期の始まり〜成長ホルモンを主に身長が伸びる
> ③思春期以降〜女性ホルモンを主に身長が伸びる

　①生まれたとき50cm、3kgとすると、3歳までに身長は2倍近く、体重は3倍近くになります。③で140cm、35kgの思春期女子が、3年後に身長が2倍!?、体重が3倍!?になったら…。あり得ないですね。それぞれの段階での成長の様子はまるで違うのです。

　初経は、身長が伸びるピークを過ぎたころと言われています。目安として、身長が伸びる最盛期からおよそ1年後くらい。一番身長の伸びる時期を過ぎてから初経を迎えることが多く、個人差があったとしても、初経後に、グングン伸びるという人はあまりいないため、結果的に、初経⇒身長STOP、ととらえられてしまったのでしょう。初経を迎えたからといって、身長が伸びないわけではありません。

> 一般的には、初経後の身長の伸びは6cm程度、個人差があり、まったく伸びない人もいれば、10cm以上伸びたという人もいます。近くの先輩女性たちに聞いてみましょう。答えはマチマチで、本当に個人差が大きいことがわかりますよ。

声がわりはのどで何がおきている？

　男の子ののど（喉頭・声帯）は、思春期が始まるとわずか1年のうちに、それまでの大きさの倍になると言われています。のどの喉頭にある声帯が閉じて、そこを空気が通り抜けるときにふるえて、声になります。急に大きくなったのどに慣れるまで、しばらくの間は声がかすれたり、少し変な声になったりすることがあります。声がわりの時は、大声を出したり、のどに負担をかけないようにしましょう。のどぼとけ（喉頭隆起）も飛び出して目立つようになります。

　早い子では小学校5〜6年生から始まり、中学生になってから声がわりを迎える子が多いです。しばらくすると落ち着いて、今までより低い声になります。

　男の子ほど大きな変化ではありませんが、女の子にも声がわりがあります。朝会で「♪おはようございま〜す♪」と挨拶をしたとき、1年生から聞こえてくる声と6年生から聞こえてくる声が違いますね。男の子ほど劇的ではありませんが、女の子も低学年から高学年になるうちに、緩やかに声がわりをしているからです。

> それにしても1年で2倍ってすごい変化ですね。もし、みんなの足が1年で2倍になったら？ 21cmが42cm?? 23cmが46cm??? あり得ないですね。男の子の、この時期ののどの変化が、いかに激しいものかわかりますね。

指導後に発行した保健だより（表面）

ほけんだより３月

2018.3月
卒業前の
キミタチへ号

えっ　ほんとに　なるん行って

今まで名前順、背の順など、性別に関係なくやってきた小学校とはいえ、中学生になると男女別の服装を着用し、発声により様々な男女がはっきりしてきます。そして、自分の「性別」にゆらぐ人も出てくるかもしれません。そんな5・6年生の6年生チームによる「悩み相談会」という授業をプレゼントしました。

Q まだ精通がないから、どんどん精子がたまりすぎてパンクしないか心配で…（*_*;

A 精子は毎日新しく作られて古くなると精巣上体のところから吸収されるんだ。パンクしないから大丈夫。

Q 僕、胸にシコリができて少しふくらんできたみたいでものすごく心配。どうしよ～～～（(+_+)

A 男の子にも女性ホルモンが作られるんだ。そのはたらきで3人に1人くらいに胸にシコリができたり少しふくらんだりするんだ。でも、一時的なもので、そのうち元に戻るからそのままにしておいて大丈夫。

ホルモン焼きとは違うんだよ～

Q よく男性ホルモン、女性ホルモンって聞くけれど、ホルモンってどこで作られているの？

A 男性ホルモンは精巣で作られ、精通などの変化を起こす。女性ホルモンは卵巣で作られ、月経などの変化を起こす。実は男子も女性ホルモンを作るし、女子も男性ホルモンを作るんだよ。どこでだろう？　副腎に帽子みたいにのっている副腎皮質で作られているんだ。

マジ参加したいんですけど

Q 生理が始まると背が伸びなくなるっていうけど本当？

A 女の子には身長の伸びが3段階ある。1段目、3歳までに栄養を元にすくすく伸びる。2段目、4歳から思春期までは成長ホルモンでグングン伸びる。3段目、思春期の後は女性ホルモンでじわじわ伸びる。生理が始まると伸びなくなるのではなく、グングン急激に伸びた後に初経を迎える人が多いんだ。初経後の身長の伸びは平均6cm。個人差が大きいので0の人も10cm以上伸びる人もいるよ。

LGBTって何のこと…
よくわからないなって
6年生のほとんどが知りませんでした

Q このごろTVでよく「LGBT」って見るけどよくわかんないよ。

A 男の子のからだで生まれると「自分は男の子」と思える。女の子のからだで生まれると「自分は女の子」と思える。でも、そうではない人が20人に1人いると言われている。本によっては13人に1人って書いてある。もしも、そう思えてもおかしいことではない。悪いことでもない。間違ったことでもない。心配になったり困ったら相談していいんだよ。もしかしたら、お友だちから相談されるかもしれないね。だから、みんなに知っておいてほしいんだ。

○あの人ってオカシイ、自分は変だ。そういう決めつけをしない。
○笑いのネタにするのはイジメでもありひどく傷つけること。
○信頼できる人に相談していい。小学校の中なら保健室にきてね。

Q 生理痛の薬って小学生が飲んでもいいの？

A 痛みを我慢する必要はないんだよ。「痛みが来たぞ」と感じたら早めに飲んだほうが少ない量で痛みがコントロールできるからいいんだ。小学生の飲める鎮痛剤は限られているから薬局で相談するといいよ。

Q 声変わりってのどで何が起きているの？

A 男子ののどは思春期が始まると1年で2倍の大きさになると言われている。1年で身長が2倍になったら？　足の大きさが2倍になったら？　ありえないよ。のどでものすごいことが急激に起きているから、のどの使い方に慣れなくて声がかすれたり裏返ったりするんだよ。

1年で2倍！

Q 精子とオシッコの通り道が一緒ってどうなんだろう…。まざらないしないのかな。

A それがね、人間のからだってよくできていて、どちらかが出るときは残りのほうの出口がしまるようになっているんだ。

Q 生理中って1週間も血が出ているんでしょ。血が足りなくならないか心配なの。

A 個人差が大きいんだけれどそれはその人にあった量なんだ。平均すると82g。大さじ1杯が15gだから5杯とちょっとだね。思ったより多くないでしょ。

Q このごろ毛深くなってきて…。剃ると濃くなるっていうのは本当ですか？

A 女の子にも男性ホルモンが作られるんだ。男性ホルモンのはたらきも活発になって毛深くなることもあるんだ。剃っても毛は濃くならない、自然の毛は先が細く長さもまちまちなのに剃ったあとは太さも長さも揃っているから濃く見えるんだ。

先生が仲良しの女性薬剤師さんに相談したのでそんな心配いらんぞ

授業の様子を切り取ったほけんだより。どう作っているのでしょう。実は超アナログです。写真は職員が交代でデジカメで撮ります。その写真を使いたいサイズに拡大縮小してワードに貼り付け、丁度いい明るさに調整します。結構白っぽくてぼやけた程度が、案外イイカンジに印刷にのります。プリントアウトした写真は人物を手でチョキチョキと切り抜き、空いたスペースに糊でベタベタと貼り付けます。PCで作るほけんだよりより自由度が高いですよ（p.61に実物があります）。

5年生キャンプ前、6年生修学旅行前は保健教育の時期です。中休みや昼休みを使って、5年生男女別々に行います。そこで実感するのは、男子への指導って本当に大切！「4年生の時に教科書を使って習ったでしょ」と言っても、当時オコチャマだった男子は自分事と思えず、ほとんど覚えていません。5年生、6年生と1回ずつでも、やらないよりやったほうがいい！　そう強く感じています。

思春期シリーズ⑨

悩み相談室６
「生理痛問題、精子とオシッコ問題」

　6年生卒業前プレゼント授業をミニネタに加工してご紹介します。この授業は、思春期の悩み相談を切り口に、性の多様性にたどり着きます。中学校、高校でも活用できる内容です。実態に合わせアレンジして試してみてください。今回、女子は「生理痛の薬、小学生がのんでもいいの？」、男子は「精子とオシッコ、まざらないの？」に迫ります。

「生理痛の薬、小学生がのんでもいいの？」
「精子とオシッコ、まざらないの？」教材

【女の子の悩み教材】

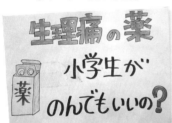

開くと…

【男の子の悩み教材】

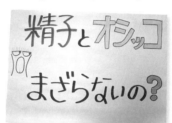

開くと…

　精通の話をすると、男子がかならず不安そうな顔で聞きに来るのが「先生、精通って痛いの？」です。笑ってはいけません。真剣なのです。私も真剣な顔で「痛くないよ、大丈夫」と答えます。そうだ同じようなことがあった…。1年の心臓検診の時に「先生、痛いの？」と泣きそうな顔で聞いてくるのは男子でした。聴力検査も「痛くない？」と聞く男子がいましたねぇ。男子は心優しいのです。こわがりなのです。男子への指導は丁寧に優しく「痛くないよ」も付け加えましょう。

悩み相談室6「生理痛問題、精子とオシッコ問題」

@放課後の保健室にはいろんな悩みごとを抱えた人が相談に来るよ。今日はどんな悩みが飛び込んでくるのか、楽しみだなあ。

*思春期のころの記憶をたどり、子どもと同じ目線で、不安な気持ちに寄り添って答える様子をお芝居で見せて伝えましょう。

	働きかけと流れ
設定	放課後の保健室に一人でいると、悩みを抱えた児童・生徒がやってくる。 *女子、男子が一人ずつ入れ替わり、たずねてくる設定です。

展開❶ 4分

🧑 トントン、今、いいですか？

👩 誰もいないよ、どうぞ〜。（女子が相談に来た設定）

🧑 先生、私、お母さんに似ちゃって2日目に生理痛がくるんだ。お母さんは薬をのんでいるけれど、早くから薬を使うと効かなくなるから、小学生は薬を使っちゃダメって言われるの。ホント？

👩 昔はそう言われていたらしい。でも、それは間違いなんだ。今では、痛みを我慢せず、「痛みがきた」と感じたら早めに薬をのんだほうが、少ない量で痛みをコントロールできると言われているんだよ。薬局の薬剤師さんに相談するのが一番！

🧑 安心した〜。帰ってお母さんに話すね！　さよなら〜。ありがとう〜！

展開❷ 4分

🧑 トントン、センセ〜、誰かいる？

👩 誰もいないよ、どうぞ〜。（男子が相談に来た設定）

🧑 この前、パンツがぬれていてオネショ？と思ったら授業で聞いた「精通」だった。パパが教えてくれた。おめでとう！って言われた。

👩 おお、教えてくれてありがとう。本当におめでとう！

🧑 急に心配になったんだ。精子もオシッコも同じところから出てくるでしょ。まざったりしないのかなあ…って。

👩 精子とオシッコは同じ通り道だね。人間のからだってよくできていて、オシッコが出るときは精子の出口が閉じられて、精子が出るときはオシッコの出口が閉じられて、絶対にまざらない仕組みになっているんだ。

🧑 よかった〜、ホッとした。先生、ありがとう、さようなら。

まとめ 2分

- 痛みを我慢せず早めに薬をのんだほうが、少ない量で痛みをコントロールできる。
- 人間のからだはよくできていて、精子とオシッコが絶対にまざらない仕組みになっている。
- 何かあったら、悩まずに保健室に聞きに来てね (^_-)

☆流れは最低限の言葉をコンパクトに載せています。詳しい説明などは次からのページをご覧ください。
　ネタに使える時間に合わせて説明を追加し、使い勝手がいいように加工してください。

生理痛の薬、小学生がのんでもいいの？

　月経と同時にあるいはその直前から起こる症状を月経痛と呼びます。腹痛、腰痛、吐き気、下痢、頭痛など、人によって症状も強さも様々です。排卵周期がはっきりしていない初経後2〜3年は、月経痛が軽度のことが普通で、月経周期が安定してくると、月経痛を強く感じる人が増えてきます。

　思春期の特徴としては、子宮が未熟ということです。子宮体や子宮頸管が未熟でかたくて狭いため、子宮内にたまった月経血が出ていこうとすると高い内圧がかかるので、激しい痛みを感じるというものです。

　月経痛に対して、痛み止めをのまず我慢する必要はありません。痛みを我慢してい

るうちに月経困難を起こす物質がどんどん作られてしまいます。「痛みがきた」と感じたら、その時に薬をのんでしまうほうがよいでしょう。結果的に、より少ない薬の量で痛みをコントロールできます。

ただし、15歳以下の小学生が服用できる薬は限られているので、薬剤師さんに相談をした上で、正しい薬の服用をしましょう。

精子とオシッコ、まざらないの？

　大事ないのちのもとである精子がいろいろな分泌液と合わさって精液となり通る管と、オシッコが通る管は一緒。一つの管を共有しています。人間のからだはとてもよくできていて、精液が通るときには、オシッコが出ないようになっています。男の子はわかると思いますが、ときどき、いんけいがかたくなることがありますね、勃起といって、男の子なら赤ちゃんから大人までなります。

　勃起をしているときは、膀胱の出口にある筋肉がかたくなって閉まり、膀胱からオシッコが出てこないような仕組みになっています。勃起しているときだけ、精液が出る仕組みにもなっているので、オシッコと精液が一緒に出ることはありません。だから、絶対にまざり合うことはありません。

　相談者は、ねむっている間に精通が起こり、オネショかとびっくりしたようです。男の子は誰でも、毎晩ぐっすりねむっている

間に、本人は気がつきませんが、数回は勃起しています。精子がたくさんつくられるようになると、この夜中の勃起のときに、精通が起こることがあります。前にも説明したように、勃起しているときは精液しか通れないので、オシッコを一緒にしてしまい、オネショになる、ということはありません。

「胸にしこりができた経験談」は男性教員が自主的にしてくれますが、精通の話は、その流れにならないよう気を付けます。個人的に、それなりの男子たちにそっと聞かせることはあるかもしれませんが、公の場で語らせるものではありませんよね。男性は心優しいので丁寧に扱いましょう（笑）。

ほけんだより3月

2019.3月
初声小
6年生版

毎年6年生に卒業プレゼントにしている授業です。思春期のからだの悩みをかかえる6年生が（になりきった現任びすみ）保健室に相談に来ては、安心して帰っていくという内容です。思春期のからだの変化に関する内容と「性の多様性」についての2部構成になっています。（2019.2.14実施）

G…女子の悩み

G-1 1週間も出血して血が足りなくならないの？
♪個人差が大きいけれど、その人に合った量なんだ。平均82g。大さじ5杯とちょっと。5日間でこの量だから思ったよりは少ないでしょ。

G-2 生理が始まると身長がのびなくなるってホント？
♪成長ホルモンでグングンのびていた身長は、女性ホルモンでジワジワのびるようになる。女性ホルモンが活発になると生理も始まるのでそう見えるけれど、のびなくなるわけじゃない。初経後の身長ののびは平均6センチ。個人差は大きいよ。

G-3 生理痛の薬 小学生がのんでもいいの？
♪痛みを感じたら、早めに痛み止めを飲んだ方が、少ない量で痛みをコントロールできるんだ。薬局で、小学生に合った痛み止めを薬剤師さんに相談すればいいんだよ。

G-4 毛ぶかいのが気になる そるとどうなる？
♪女の子にも男性ホルモンが作られる。そのはたらきで毛ぶかくなることがあるんだ。自然の毛は毛先が細く長さも揃っていない。そると毛先が揃って濃く見えるだけ。

共通…性別に関係ない悩み

共通1 ホルモンってなに？ 男性ホルモン 女性ホルモン
♪男性ホルモンは精巣で作られ、精通などの変化を起こす。女性ホルモンは卵巣で作られ月経などの変化を起こす。実は男子も女性ホルモンを作るし、女子も男性ホルモンを作るんだよ。どこでだろう？副腎に帽子みたいにのっている副腎皮質で作られるんだ。

共通2 LGBTってなんだろう？
♪心の性別と体の性別が一致している人、一致していない人、どっちもいる。自分の性別がはっきり感じられない人もいる。好きになる相手が異性の人、同性の人、どっちもいる。異性も同性も両方を好きになる人も、どちらも好きにならない人もいる。あるってこと。グループ分けした時に全員がどこかに入る。そのグループの大きさが大きいか小さいかの違いだけ。個性の1つ。その考え方がSOGI（ソジ）、性の多様性。これからはLGBTでなく、性の多様性と言ってほしい。
＊LGBTという表現は、多様な性の個性の中のL、G、B、Tの4つ個性の頭文字をとったもの。もっともっと多様でいろいろある。

みんなが目にしたり耳にしたりするのは「LGBT」という表現でもこれからは「性の多様性」と言ってほしいです

LGBTなに!?

B…男子の悩み

B-1 精子を出さないとパンクする？
♪精子は毎日新しく作られて古くなると精巣上体ってところから吸収されるんだ。パンクしないから大丈夫。

B-2 精子とオシッコ まざらないの？
♪人間の体は良くできていて、どちらかが出るときは残りのほうの出口がしまるようになっているんだ。

B-3 声変わり のどで何がおきている？
♪男の子ののどは思春期が始まると1年で2倍になると言われている。ありえないような、ものすごいことが急激に起こるので、声がかすれたり裏返ったりするんだ。

B-4 胸にシコリが…少しふくらんだような…心配
♪男の子にも女性ホルモンが作られる。そのはたらきで3人に1人くらいは胸にシコリができたり、少しふくらんだりするよ。一時的なもので、そのうち元に戻るから大丈夫。

女の「聞いてよかった!!」1件が次の お悩みに

実は権太郎Tは実際にこの体験をしていたそうです。その時の事を話していました。

（性的指向）
Sexual Orientation
Gender Identity（性自認）この文字をとって SOGI（ソジ）

「性の多様性」を知らないと、悪気もないのに誰かを傷つける言葉を使ってしまうことがある。友だちから相談されたときに、どう答えていいか困ってしまうかも知れない。今日はとても大事なことを勉強したね。

性の多様性

p.61、p.96でこの臨場感のあるほけんだよりの超アナログなキリバリ加工を種明かししました。キリバリ加工の便利なのは「あら、やだ〜。この写真使いたいけれど足が太く見える」→ちょきちょきしちゃいましょう！ 足をカットして使いましょう。「なになに、この写真、おなかがぽっこり見える〜ダメダメ」→おなか部分をほっそり見えるよう、ちょきちょきしちゃいましょう！ などなど。自由自在です。おほほ〜(＾.＾)/

思春期シリーズ⑩

悩み相談室 7
「LGBT ？ それは性の多様性」

　6年生卒業前プレゼント授業をミニネタに加工してご紹介します。いよいよ、今回から3回連続で、小学校での性の多様性の授業をミニネタ風味（完全なミニネタにはなっていません (;^_^) に加工してご紹介していきます。中学校、高校でも活用できる内容です。実態に合わせアレンジして試してみてください。

展開1
教材

バラバラに載せていますが、めくっていくと次々展開する教材です。色も意識的に使っているので、機会があったらナマ教材をカラーでご覧いただきたいです。

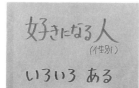  

展開2
教材

 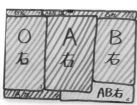

まとめ
教材

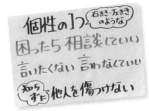

悩み相談室7「LGBT？ それは性の多様性」

@放課後の保健室にはいろんな悩みごとを抱えた人が相談に来るよ。今日はどんな悩みが飛び込んでくるのか、楽しみだなあ。

＊思春期の頃の記憶をたどり、子どもと同じ目線で、不安な気持ちに寄り添って答える様子をお芝居で見せて伝えましょう。

働きかけと流れ	
設定	放課後の保健室に一人でいると、悩みを抱えた児童・生徒がやってくる。 ＊相談者のコメントは参観している子どもの心の声が反映されるように作ってあります。

導入 **2** 分	トントン、今、いいですか？ （相談者は男女どちらでもOK）	入口は「LGBT」です。子どもたちも新聞やTVなどで、この言葉を聞いたことがあるからです。 
	誰もいないよ、どうぞ〜。	
	今さらっていうか、聞きにくいっていうか、でも気になっていて知りたいことがあるんだ。教えてほしい。	
	どんなことかな。	
	新聞やTVのニュースで『LGBT』ってよく見るし、同性が好きっていうドラマが結構あるよね。あれってどういうこと？ ドラマの中のこと？ 本当にあるの？	
展開❶ **5** 分	今まで当たり前と思い込んでいた、「先入観」ってやつをどけると、案外スッキリ理解できるよ。	
	先入観？	
	知らず知らずに刷り込まれていたイメージっていうとわかりやすいかな。今から先生が話すことで『えええ〜？』って感じたら、多分それが刷り込まれたイメージによるものだよ。試してみようか。	
	うん、うん。 『えええ〜？』って感じたら手を上げる！	
	男・女という性別にはからだの性別と心の性別があるんだ。	
	（；’∀’）／はい。もう意味がわからない…。 これって先入観なの？	
	そうだよ。男のからだで生まれたら心も男、女のからだで生まれたら心も女、そう刷り込まれてきたんだ。実際は、からだの性別と心の性別がしっくりこない人もいるよ。「性自認」といってからだと心がしっくり合う人は「性別適応」、しっくりこない人は「性別違和」、自分で男女どっちかはっきり決め	

られない人もいて「クエスチョニング」って言うの。言葉は難しいから覚えなくても大丈夫。いろいろなんだってわかってくれたらOKだよ。

 もう1つ、さっき言っていたドラマの話につながるのが、好きになる相手の性別もいろいろあるってこと。

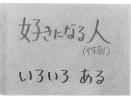

（;' ∀'）／はい。いろいろって…。

「性的指向」と言って、異性を好きになる人を「異性愛」、同性を好きになる人を「同性愛」、両方が対象になる人を「両性愛」、どっちも好きにならない人を「アセクシュアル」って言うの。異性だけを好きになるっていう刷り込みがあったから『えええ〜？』になったんだよ。

いろいろなんだね。
だんだんわかってきた気がする。

自分の性別をどう思っているか、どんな相手を好きになるか、いろいろなんだ。そして、みんなどこかのグループに入っている。グループの大きさが違うだけなの。先生は、たまたま最大派閥のココ（性別適応）でココ（異性愛）のグループに入っている、それだけのこと。

自分もそのグループかな。多分。

展開❷

5分

 みんないろいろでグループの大きさが違うだけってことを、もう少しわかりやすく説明するね。日本人の血液型はだいたいこんな割合。そして、右利きか左利きかもこんな割合なんだ。先生はAB型の右利きだよ。AB型なのに右利きとかあり得ないでしょ、って思う？

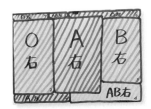

 思わないよ、普通だよね。

よしよし。あなたの血液型と利き手は？

 A型で左利き。

A型で左利きってわかるとみんなに変な目で見られるから内緒にしようって思う？

 はあ〜〜？　思うわけないでしょ。

よしよし。これが先入観、思い込みの正体なんだ。さっき話したいろんなグループと重ねてみるよ。最大派閥のココ（性別適応）でココ（異性愛）ではない人のグループをみんな合わせると、日本人の13人に1人とか20人に1人と言われているんだ。先生はAB型で右利き、ちょうど13人に1人のグループにいるよ。あなたは20人に1人のグループ。

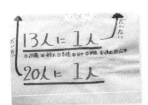

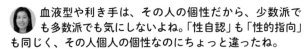 本当だ。

血液型や利き手は、その人の個性だから、少数派でも多数派でも気にしないよね。「性自認」も「性的指向」も同じく、その人個人の個性なのにちょっと違ったね。

うん。そんなことはナイと思い込んでいたから、そんなのオカシイと感じちゃったのか。

それこそが、先入観で、思い込みってこと。先生だって、勉強して理解する前は思い込みがあったよ。知らないから、わからないし、理解できなかったんだ。あなたと一緒。

今、聞いたばかりで、知ったばかりでちょっと難しいけれど、何も知らなかったときとは違ってきた気がする。

人って、いろいろなんだ、そこがわかれば十分だよ。大丈夫。

実際の授業ではこのように提示します。はじめから全部見せるより、話の進行に合わせて〜パラリ〜とめくり、見せていくほうが効果的です。子どもたちの表情でわかります。

| まとめ 3分 | ・自分の性別をどう感じるか、どんな相手を好きになるか それはその人の個性の一つ。
・困ったら、相談してもいいんだよ。とても大切なことなので、ちゃんと話を聞いて理解してくれそうな大人に相談したほうがいいよ。学校の中だったら、保健室に来てね。
・誰にも言いたくない人もいる。それはそれでいいんだよ。自分の中でそっとしまっておいてもいいんだ。
・先入観で相手のことを決めつけるのは、その人を傷つけることになるから、気をつけよう。
・LGBT という表現は、いろいろあるグループの一部を表しているので『性の多様性』と言ってほしい。いろいろあって、それでいいんだ、という意味だからね。
・また、何かあったら、悩まずに保健室に聞きに来てね (^_-) | 個性の1つ 右きき・左ききのような 困ったら 相談していい 言いたくない 言わなくていい 知らずに 他人を傷つけない

性の多様性 SOGI いろいろ あって いいんだ！ |

☆語る言葉が多いので、ミニネタ No. 9〜11のシナリオ仕立てを参考に、台本を手に持ち安心して子どもの前に立つことをおすすめします。

今回の教材は、ほぼ文字と数字で構成されているので、この授業をやってみたい方は作りやすいですよ。オイカワはお子様文字ですが、すてきな大人文字で作るとまた違った味がでるはずです。

思春期シリーズ⑪
悩み相談室8
「性の多様性、保護者への流し方」

　3回連続で、小学校での性の多様性の取り組みをご紹介しています。今回は、子どもたちではなく、先生方のお悩みに答える内容です。「実践するだけでもハードルが高いのに、いったいどうやって後始末をしているの？」。小学校の道徳の時間に実践しているこの内容、実施後にどのように保護者に情報を流したのかをご紹介します。

p.77で背中を力強く押してくれた
飯田亮瑠さんとの両想いコラボ
授業が実現しました♡

これは全校に流したほけんだよりの裏面です。全学年の子ども、保護者が手に取るので内容にはあまり触れていません。「性の多様性」とだけ書きました。上部分が5年生でクラスごとに各クラスの実態に合わせて取り組んだ授業の写真と最小限の説明。下は6年生の学年授業の写真と最小限の説明です。

ほけんだよりの裏面で紹介

ほけんだより 2019年3月（裏面）

思春期シリーズ⑪

悩み相談室8「性の多様性、保護者への流し方」

同じ授業に取り組んで3年たち、不思議なものでほけんだよりの内容が微妙に変わってきます。子どもたちが書いてくれたワークシートがほけんだよりのベースになるからです。

意識して悩みランキングは集計し、載せています。年によって順位に違いがあるのは、何が理由だろう？　子どもたちの成長発達や心の変化は、毎年その集団なりの特徴があるからだとわかってきました。

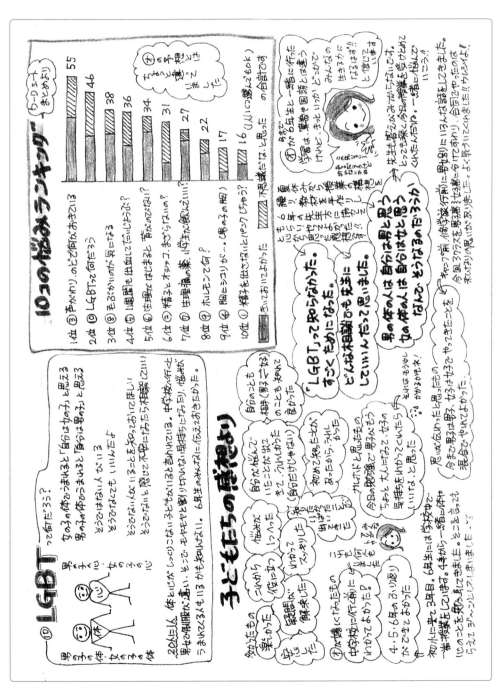

ほけんだより 2017年3月（裏面）

正直、1年目は、この授業が定番になり、続くとは思っていませんでした。

ほけんだより 2018年3月（裏面）

2017年3月、2018年3月のほけんだよりの中では「LGBT」という表現をしています。2018年12月に行った飯田亮瑠さんとのコラボ授業を作る中で、互いの思いをぶつけ合い、気持ちをすり合わせることで「性の多様性」という表現になりました。「当事者」という表現もしなくなりました。全員が当事者であるという考えからです。オイカワが変化したのです。

子どもたちが進む中学校の養護教諭仲間に授業の内容を伝え、この授業を受けた子どもたちが行くのでよろしくね、とお願いします。ほけんだよりにコメントも直筆で書いてもらいます。新しい世界、中学校への不安は大きいです。知っていてくれる先生が保健室にいることは、大きな安心になります。ありがたいです。

総合順位	そうなんだ！聞いておいてよかった！と思ったのは 悩み内容	男子順位	女子順位
1位	⑧毛ぶかいのが気になるけど　そると濃くなる？	6位	1位
2位	③声がわり、のどで何がおきている？	1位	7位
3位	⑨ホルモンで何？　男性ホルモン、女性ホルモン	3位	6位
4位	⑦生理痛の薬、小学生がのんでもいいの？	8位	2位
5位	⑩LGBTで何だろう？	6位	4位
6位	④胸にシコリが…少しふくらんだような…	4位	7位
7位	②精子とオシッコ　まざらないの？	2位	9位
8位	⑥生理が始まると身長がのびなくなるってホント？	9位	3位
9位	①精子を出さないとパンクしちゃう？	4位	9位
	⑤1週間も出血して血がたりなくならないの？	9位	4位

いくつ選んでもOK
多い順に順位をつけました。
男女で聞くのは違いがわかります

総合順位	不思議だなあ、と思ったのは 悩み内容	男子順位	女子順位
1位	③声がわり、のどで何がおきている？	1位	7位
2位	②精子とオシッコ　まざらないの？	1位	5位
	⑤1週間も出血して血がたりなくなるらないの？	5位	1位
4位	④胸にシコリが…少しふくらんだような…	4位	3位
5位	⑨ホルモンで何？　男性ホルモン、女性ホルモン	6位	3位
6位	①精子を出さないとパンクしちゃう？	3位	10位
7位	⑧毛ぶかいのが気になるけど　そると濃くなる？	8位	6位
8位	⑥生理が始まると身長がのびなくなるってホント？	8位	7位
	⑩LGBTで何だろう？	6位	9位
10位	⑦生理痛の薬、小学生がのんでもいいの？	10位	7位

思春期のからだの悩み相談

男の子（女の子）の悩みを知れてよかった

自分のからだに興味なかったけれどからだってすごいな 大事にしたいな。と思った

きっとこの先おまもくることだと思うから、今きけてよかった〜

知らなかったこときくのって楽しい

おもしろかった！！知れてよかった！！

今、自分にお起きていることがあって役に立った

ズバズバ話したのにはびっくりした（笑）

今日、初めて知ったことに大勢かった

悩みが解決したし個性に分かれていのか不思議だ

知りたいと思っていたことがあってわかったからよかった

わかった！！
理解が深まった

「性の多様性」という言葉を知った

血液型とさきほと同じ、個性のひとつだってこと

今まで不思議だと思っていたことがきけてよかった

もっと知りたい
なんでいろいろな個性に分かれていくのか不思議だ

日本の現状と海外での様子など知りたい

少数なの人は不安だろうな、どうしたらなくなるだろう

なぜ数が多い方が有利だとか普通と考えてしまうのか。その人間心理を知りたい

理解をすすめるには何が必要だろう

「性の多様性」を知って
今まで見かけなことなどどうしてかよくわからなかったけど、楽しくわかった

知ってるつもりで知っていなかったこともよくわかった

もっと知りたい
もっともっと詳しく知りたい

変わった！
（前）LGBTって何か変なん
（今）SOGI（ソジ）って呼ぶみんな違っていい。差別しない
そう思える

少数米の人に対する考えが変わったので接し方も変わると思うそれがよかった

今までむずかしくて覚えられなかったけど今は納得したので頭に入った

自分のまわりにも少数派の人はいるかも、と頭に入れておくと謝と偏見も見つけるようになると思った

自分は今日の話をきいていろいろ知ることができた。1部の人だけじゃなくて、もっといっぱいの人が理解び来たらいいと思った

6年生が「性の多様性」と学んでから中学にすすむことを、初中の保健の三枝先生に引きつぎてあります。安心して初中にすすめでください。初中学校の三枝養護です。みなさんもう読めますよね！？先日学校見学の時にもお話しましたが、中学校は大変…？忙しい…？という不安もあると思います。でも、これからグングン成長していくみなさんならきっと大丈夫です。4月に会えた時に名前を呼んでおどろかせてください。楽しみにしています。

不安な時は相談にのってもらってね。

ほけんだより 2019年3月（裏面）

初年度は小学校でこの授業を行うことが適切なのか不安もありました。でも、実施したときの子どもたちの素直な反応と、その後「やっておいて良かった」と思われるいくつかのケースが、この授業の必要性を実感させてくれました。

たった1回の授業で子どもたちを変えようとか、教えるとか、導くとか、そんな大それたことができるとは思っていません。でも、やらないよりやったほうがいい！　やったことを、誰かが覚えていてくれて、いつか、どこかで、役に立つこともある！　その経験は何回もしています。根拠として弱すぎますが、実体験なので自信はあります。

ミニネタ
No.24

思春期シリーズ⑫

悩み相談室9
「性の多様性、様々なアプローチ」

　今回は、子どもたちではなく、先生方のお悩みに答える内容です。「唐突に性の多様性を教えるのはしっくりこない。アプローチ、導入はどうしたらいいのか…」実践済みの複数のアプローチ、導入をご紹介し、性の多様性のまとめとします。

ミニネタ
No.24

思春期シリーズ⑫

悩み相談室9「性の多様性、様々なアプローチ」

先生の宿題を一緒に考えて

アプローチ
1

		投げかける内容など
導入	担任	実は先生、困っているの。みんなにも一緒に考えてもらいたいと思っている。前回の研修会で出た宿題の答えを来週の研修会に持っていかないといけない。 宿題：ずっと仲良しの女の子の友だちに「実は心は男の子。これからは男の子の友だちとして今まで通り仲良くしてほしい」と言われた。その場でなんと言いますか、どんな対応をしますか。
展開1	及川	・性の多様性の説明をする（ミニネタ No.22 参照）。 ・悪いことでも、おかしなことでも、病気でもない点をおさえる。
展開2	担任	「みんなの意見を聞かせてほしい」 ①性の多様性の説明を聞いてどう思ったか。 ②先生はどう友だちに返してあげたらいいのか。
展開3	担任	意見を出してもらい板書してクラスで共有する。 ・性の多様性について、友だちの考えを聞いてどう思ったか。 ・先生はどう友だちに返してあげたらいいのか、答えをまとめる。
展開4	及川	・自分が揺らいだらどうすればいいか。 ・相談されたらどうすればいいのか。 ・傷つけない言葉かけ。
まとめ	担任	性の多様性の説明、子どもたちの意見や考えを聞いて、担任が感じたこと、思ったことを率直に語る。

「先生のためにひと肌脱いで協力するぞ！」本当に一生懸命に考えます。もちろん、先生のためにという思いがそうさせるのですが、「自分だったらどうする」ではなく「先生だったらこうするのがいいよ」と主人公が自分でないのも考えやすいんだと気づきました。

アプローチ 2　先生の後悔、今だったら…

先生はなんでも知っていて教えるのが仕事。そのイメージをこわし、先生も「わからない・答えが見つからない」ことがある。ストレート、直球勝負です。

		投げかける内容など
導入	担任	大学時代に女子と女子で付き合っている友だちがいました。そのときに、相談を受けました。今、振り返ってみるとその友だちはかなり勇気を振り絞って私に話をしてくれたんだなと思います。話を聞くことはできましたが、相談に上手に答えられた記憶はありません。多分、同性が好きということが理解できなかったからだと思います。今日は、みんなと一緒に勉強して、あのとき、友だちにどうしてあげたら良かったのか考えたいです。（実話） ＊担任も正しく知りたい、理解したいと思っていることを率直に語る。

＊展開１以下は同様。

Q 性の多様性の説明を聞いてどう思ったか？

> 子どもの回答

「からだの男・女と心の男・女が しっくりこない人がいる」
そのことを知って どう思いますか？

自分の友だちがそう
かなぁだったらどうしよう

> 子どもの回答

今の気持ちをそのまま、伝える。
（わからない）
否定はしない。

> 子どもの回答

やさしくそんなことはないよってなぐさめてあげたりする

以下の子どもの声は、アプローチ１授業のワークシートからの紹介です。「言葉では理解するけど頭がごちゃごちゃ」「相手を思って言葉かけはするけど、正直よくわからない」など、本音がきちんと書けています。真剣に考えて、本音を正直に書いていい、ここを保障するのが肝心です。そして、真剣に考え言葉を選び、悩む時間が重要だと思っています。

Q 先生はどう友だちに返してあげたらいいのか？

> 子どもの回答

「自分がそうだと本当に思うなら いいんじゃないの？と聞いたらいいと私は思います。何でそう思ったの？も聞く 自分がその相手の気持ちになってみる

> 子どもの回答

ちなつ先生は お友だちに どうしてあげたらいいかな。

素直にうけつけるしかない「わかった、」て、
（ワカラナイけど）

110

アプローチ 3

先生のキャラ変はどうなんだ？
ぶっちゃけのところを言ってほしい

子どもたちの出した結論は「誰かを傷つけるかも、ってあかったら、やめたほうがいい」でした。単純な答えのようですが結論を出すまでの話し合いが大事な時間となりました。

		投げかける内容など
導入	担任	実は先生、考えていることがあるんだ。授業中、よりわかりやすく、おもしろくするために、色々なキャラを演じることがあるよね。怒っている人のことを説明するときには怒った言い方、悲しんでいる人のことを説明するときには悲しんだ演技をする。 「俺はこの方法でやろう」、「あたしはこっちの方法がいいわ」など男の子目線、女の子目線で説明をすることもある。 「えせ関西弁キャラ」で「ツッコミ」を演じることもあるけど、関西出身の人の前では、嫌な気持ちにさせるだろうと考え使わない。キャラの一つにいわゆる「オネエキャラ」がある。あくまでキャラの中の一つでバカにして使ったり、真似したりしているのではない。自分にはそんなつもりはないけれど、誰かを傷つけたり嫌な思いをさせるのではないかって、気になりだして…。 ＊キャラを演じる自分の思いと、正しく知りたい、理解したいと思っていることを率直に語る。 ＊「誰かを傷つける心配をせず、教室が和む、隠し味になるキャラ」もあるのではないか。これがオイカワの考え。
展開2	担任	「みんなの意見を聞かせてほしい」 ①性の多様性の説明を聞いてどう思ったか。 ②時々、演じるオネエキャラはどうなんだろう。

＊展開2以外はほぼ同様。
＊飯田亮瑠さんによると、この「オネエキャラ」という言葉も心に引っかかるとのことであった。傷つけない言葉かけの部分で丁寧にフォローした。

子どもの回答

ちなつ先生は お友だちに どうしてあげたらいいかな。
動だうせずに冷静に答えるべきだ
と思う例えば分かったなどが一番それに
適していると思います。

相談を受けたとき、よくわからないのなら「どうしてほしい？」と相手に聞いてみる。この素直な発想はオイカワにはありませんでした。子どもの感性ってすごいなあ、と感激しました。

子どもの回答

まず、女の子と、男の子の遊びをしてみて、どちらが合うのか、確かめてみる。

私だったら、女の友だちが、実は心の中は男の子だっていうことを言われたら、男ということで、接っすることができない。

○聞いてみる。　相手を考える　否定しない

子どもの回答

どすればいいか お からないので たとへば
どうすればいいと すなおに きく
りかいっとと 立ゆってしま かもしれないし

自分らしく生きる

アプローチ4

＊このクラスは、男らしくでも女らしくでもなく「自分らしく生きる！」を年間テーマにしていた。職業は？ 服装は？ 学校の中での仕事（応援団長など）は？ といろいろな角度から、気づかないうちに刷り込まれたモノがないか検証を繰り返していた。

投げかける内容など		
導入	担任	「自分らしく生きる」ということの一つに「性の多様性」がある。見た目の性別で決めつけられたくない、自分で決める自分の個性に従って生きたいという声。自分らしく生きたい、そう思っても声に出せなかった多くの人の声が少しずつ世の中を変えだしている。 今の学校生活の中で、からだと心がしっくりこない人が、本来の自分らしさを大切に生きようとしたとき、どんなことで困るだろうか。そこから、改善できることが見えてくるのではないだろうか。
展開2	担任	①今の学校生活の中で何が困るだろう。 ②何か改善できることはあるかな。

＊展開2以外はほぼ同様。

トイレや着替えなど日常生活の内容があがると予想していましたが、話が広がり「就職はどうなるのかな」「お母さんにはどう説明したらいいのかな」などの声が出ました。

Q 今日の授業を受けて考えたこと、はじめて知ったことは？

┃子どもの感想┃
今日の授業をやって どんなことを考えましたか？ ありましたか？ ヘェ～と思ったことは ありましたか？
はじめて知ったことは なんでも OK！！

ちなつ先生がこんななやみをもっていたんだなっていうのがわかって先生をすこしでもそうだんにのれてよかったです
らいしゅうまでに考えられるようおうえんしてます。

感想をおしえてね！

┃子どもの感想┃
もし、私の友だちがなったらって考えるとたしかにドウショウ！？ってなるけどみんなが言った言葉とかたしかになって思いました。

感想をおしえてね！

┃子どもの感想┃
今日の授業では、色々な事が頭に入ってきて、ごちゃごちゃしたけど、こういう機会はなかなかないから、そういう人について考えられたのですごく良かったなと思いました。

感想をおしえてね！

心シリーズ

MINI-NETA hoken-kyoiku!!

オイカワ流 Part3
保健教育

イラスト：オイカワヒロコ

心シリーズとは

　どんどん変化していき、自分でも扱いにくい『自分の心とからだの操縦法第2弾』が心シリーズです。からだの変化のように目で見えない、そして混乱やバランスの崩れも起こるやっかいな思春期の心。教えにくさダントツです。だからこそ、試行錯誤のうえでオイカワが「これならいけそうだよ！」とおすすめするネタをご紹介したかったのです。古い脳と新しい脳、イライラの理由、キレる理由、思春期、脳の成長、ストレスなどの説明は、様々な情報をオイカワのフィルターを通してコンパクトにまとめました。

　実践してみると病みつきになりそうなくらい、子どもたちの反応が大きいのもこのシリーズです。多分、子どもたちも「いったい、なんなんだ！」とモヤモヤしているポイントなので、「そういうことか！　すっきりした！」と受け止めてくれるからでしょう。

　どうか苦手意識を持たずにトライしてみてください。

心シリーズ①
心はどこにある？

新シリーズを何にするか悩み、扱いにくいと定評のある「心シリーズ」に決めました。5年生保健の授業『心の健康』の単元をミニネタに加工し、全9回の「心シリーズ」としてお届けします。小学校での実践ネタではありますが、思春期の心を扱った内容が多いので、中学生や高校生でも楽しめるはずです。どうぞ、みなさんの校種に合わせてアレンジして試してください。

教材「心はどこから生まれるの？」

イラストは、たいてい自分の絵柄が一番しっくりくるので自分で描きます。ぱすてる書房さんの『心はればれ元気なからだ』のイラストは、しっくりくるので、コピーして色づけしてそのまま楽して使っているものがたくさんあります。自分の手描きしか使わない、などのこだわりは、いっさいありません。

わざわざ言うのもナンですが『脳』という字の『月』に横棒線が3本入っていて、子どもに指摘されホワイトテープで修正しました。一筆書きの要領で、フリーハンドで描くのでチョイチョイこういう事件があります。「ま」も入れ忘れ、吹き出しで足しました。子どもは、間違い探しを楽しんでいるかも(^O^)/

ミニネタ No.25

心シリーズ①

～心はどこにある？～

@優しい心を育てよう、心も健康に、って言うけれど…。目・耳・鼻は見えるところにあるし、胃・心臓・腸は外から見えないけれどある場所はわかる。あれれ。心ってどこにある？？？

	働きかけと流れ
導入 1分	「優しい心を育てよう」、「心も健康に」、などの言葉は聞くよね。目・耳・鼻は見えるところにあるし、胃・心臓・腸は外から見えないけれどある場所はわかる。 あれれ、心ってどこにあるの？　では、3・2・1・ハイ！　で自分の心はここにあると思うという場所を触ってみてね。 「3・2・1・ハイ！」 ＊多分、ザワザワ＆きょろきょろになるはず。
展開❶ 5分	あれ？　みんな迷ったり、ばらばらのところを触っているね。 では、みんなに聞いてみますよ。 ＊ホワイトボードに簡単に、①怒った顔、②悲しそうな顔、③うれしそうな顔、を描く。カレンダーの裏などにあらかじめ描いておくと便利。順番に子どもの声を拾っていく。 ①怒ったとき、ムカついたとき『どこ』が『どんな感じ』になる？ ②悲しいとき、落ち込んだとき『どこ』が『どんな感じ』になる？ ③うれしいとき『どこ』が『どんな感じ』になる？ ＊頭がカーッと熱くなる、胸がドキドキする、胃がキューっとなる、手のひらがかゆくなる、足が軽くなってスキップしたくなる…、などいろいろな表現が出てくると予想されます。できるだけ自由な発想と発言が出るよう、ゆるゆるっと楽しい雰囲気にしましょう。 どうやら、心は他のところとちょっと違った性質がありそうだね。「心はここにあります！私の心はここです！」と人に示せないし、人によって感じ方も違うみたいだね。では、心の秘密を探っていきましょう。
展開❷ 3分	心は目・耳・鼻のようにからだのどこかに備わっている部位ではなく、大脳が生み出しているのです。だから、どこにあるのか、迷ったのです。胸を触った人が多かったのは、緊張などの心が脳で生まれるとそれが心臓に伝わり胸がいつもよりドキドキするからです。手のひらに伝わる人は手のひらに汗をかいたり、ざわざわかゆくなったりします。 ＊展開❶に戻り、さまざまな、心のからだへの伝わり方があったことを確認する。
まとめ 2分	「心はどこにあるの？　触ってみて！」は、ひっかけ (^_-)-☆。みんな困って迷って、いろいろ考えちゃったね。本当は「心はどこで生まれると思う？」と質問しなくちゃいけなかったんだ。でも、そのおかげで、心はからだの他の場所と違った性質があるって気づいたでしょ。心って不思議、心って面白い。そう感じてくれたら今日の勉強は大成功です。

☆流れは最低限の言葉をコンパクトに載せています。ネタに使える時間に合わせて説明を追加し、使い勝手がいいように加工してください。

116

心ってどこにあるの？　　　年　　組　名前

耳はどこにありますか？　おへそはどこにありますか？　では心はどこにありますか？
心ってどこにあるのかちょっとナゾ。では本当にあるのかためしてみましょう。

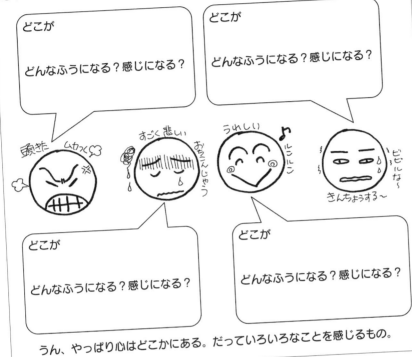

> どこが
>
> どんなふうになる？感じになる？

> どこが
>
> どんなふうになる？感じになる？

> どこが
>
> どんなふうになる？感じになる？

> どこが
>
> どんなふうになる？感じになる？

うん、やっぱり心はどこかにある。だっていろいろなことを感じるもの。

表情の絵だけ画用紙で作っておき、黒板にペタペタ貼ると便利です。何回も使えます。無地の吹き出しを何枚も作っておき、子どもから出た反応を書いていくと、次回に利用できます。「去年はこんな意見も出たんだよ〜」と貼って紹介できます。

子どもの記入例

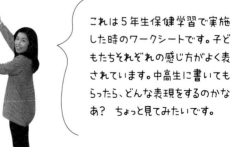

これは5年生保健学習で実施した時のワークシートです。子どもたちそれぞれの感じ方がよく表されています。中高生に書いてもらったら、どんな表現をするのかなあ？　ちょっと見てみたいです。

指導時間に余裕があれば、大脳のさまざまな働きで心が生み出される実験をすると楽しいです。

ペットを飼っている人や動物が好きな人は、可愛い犬や猫、鳥など好きなものを想像してね。生き物が苦手な人は、肌ざわりが良くてイイ匂いのするタオルなどを想像してね。

①手に可愛いペットのぬくもりのあるふわふわが触れました。手にやわらかくて大好きな香りのするタオルが触れました。
→どんな気持ち、心が生まれたかな？どこが、どんな感じになったかな？
②さあ、その手に突然巨大なクモやゴキブリがドサドサ落ちてきました。
→どんな気持ち、心が生まれたかな？どこが、どんな感じになったかな？

① かわいい ペットをさわる さわる
② 毒のありそうな虫をさわる
①

足音が 聞こえる 聞く
②

今日は課題提出の日、今回はしっかり取り組んで自信がある、先生ほめてくれるかな、みんな「すごーい！」って言ってくれるかな。教室でみんな着席し、担任の先生が来るのを待っています。そんな場面を想像してね。
「あっ、先生の足音が廊下の向こうから聞こえてきたよ！」
→どんな気持ち、心が生まれたかな？どこが、どんな感じになったかな？
「課題を机の上に出そうとしたら、別の袋に入れて、玄関に置いてきてしまったことに気づいたよ…。足音はどんどん近づいてくる…」
→どんな気持ち、心が生まれたかな？どこが、どんな感じになったかな？

オイカワ流の「心シリーズ」が生まれたのは『心ははればれ元気なからだ』（ぱすてる書房）との出会いからです。そうなんだ！ なるほど！ これ使える！加工しやすい！ ページをめくるたびにそう思えました。「心シリーズ」全編この本がベースとなっています。残念ながらこの本はもう出回っていません。この本と出会えたことに感謝しています。同じように、この実践が誰かのお役に立つことを願っています。

ミニネタ No.26

心シリーズ②
心も成長する？

　前回は、心がどこにあるのか、という謎に迫りました。今回は、「身長や体重のように心も成長するのか？」に迫ります。つかみどころのない心だからこそ、子どもたちの体験や経験にかぶせ「そういうことアルアル、それが心の成長なんだ！」と、具体的な事象で納得してもらいましょう。そこが腕の見せどころでもあります。小学校での実践ネタではありますが、思春期の心を扱った内容が多いので、中学生や高校生でも楽しめるはずです。どうぞ、みなさんの校種に合わせてアレンジして試してください。

教材「心の欲ボ5段階」

前回も書きましたが、参考にした本のイラストを拡大コピーして色を塗っただけの教材です。手を抜けるところは抜く、「楽チンは良いこと」、継続のためにとっても必要な要素です。

ミニネタ No.26 心シリーズ②

～心も成長する？～

@（現在より数年前の学年を入れて）よりも身長は伸びた、体重も増えた、できることもどんどん増えている。からだの成長やできるようになったことは見てわかるけれど、脳で生まれる心って育っているのかなあ？

	働きかけと流れ
導入 **1**分	小さい頃に比べて、自分の心が育っていると思う人〜？（挙手させる） （手を挙げない人に）え〜〜！ 幼稚園・保育園の頃と比べて成長してないってこと？ （手を挙げた人に）どんなふうに成長したか言葉で言えるかな？ ＊どちらの人も困って、少し、ザワザワ＆きょろきょろになるはず。
展開 **8**分	脳から生まれる心は、悲しい・嬉しい・びっくりしたという気持ち、うまくなりたい・ほめられたいという欲求などいろいろです。みんなの心の成長をその「ほしい、やりたい、なりたい」という欲求で見ていきましょう。 ①生まれながらに持っている欲求＝本能＝生きていくもとになる欲求…おなかが空いたから食べたい、じっとしているのはつらいから自由に動きたい、眠くなったから眠りたい。 ②生きていくために危険から身を守りたい欲求…危険なものが近づいてきたら逃げる、病気になりそうなことは避ける（腐ったものは食べないなど）。 ③グループの一人として認められたい欲求…家族、クラス、趣味が一緒の友だちなどグループのメンバーとして認められ、そこに所属していると感じられる。 ④周囲の人に認められたい欲求…人から好かれたい、ほめられたい、やっていることを認められたいという思い。 ⑤頑張って目標を達成したい欲求…勉強をして100点をとる、練習をしてさか上がりができるようになる。目標を決め、そこに向かって努力し達成させたい。 からだは、美味しいご飯を食べて、運動して、睡眠をとって、ぐんぐん成長します。からだの成長は20歳ごろ、ゆっくり成長する人でも25歳ごろに止まります。 脳は2歳ごろだいたいでき上がります。脳が心を生み出す力は、見たり、聞いたり、触ったり、経験したりすることで刺激され、一生成長し続けます。 ＊説明が多くなり飽きてしまうので、教材を示したり、例を出したり工夫をします。
まとめ **1**分	「じょうぶなからだを作るには好き嫌いせず、いろんな物を食べよう」と言いますね。心も同じです。気の合う、同じ考えの人とだけいたら、新しい考えが浮かびにくくなります。違うぞ、納得いかない、自分とは合わない、と思う考えや意見、思いを聞くことも刺激になり成長します。ちょっと嫌な思いをしたときに、「脳が刺激を受けて成長したかな」と考えると、得した気分になれますよ。

☆流れは最低限の言葉をコンパクトに載せています。ネタに使える時間に合わせて説明を追加し、使い勝手がいいように加工してください。

「そういうことアルアル！」話

「つかみどころのない心だからこそ、子どもたちの体験や経験にかぶせ『そういうことアルアル、それが心の成長なんだ！』と、具体的な事象で納得してもらいましょう。そこが腕の見せどころでもあります」と冒頭に書きました。オイカワが使うアルアル話をご紹介します。ごくごく真面目に授業で話しています。

欲求 ① 生まれながらに持っている欲求＝本能

もしもシリーズ1！ もしも、みんながまだこの1段階目にいたら…。
3時間目が終わったなあ、おなかが空いてきたぞ、あれ、廊下に給食ワゴンが並んでいる。食缶の蓋を開けたら美味しそうな焼きそばがいっぱいだ！ さあ、どうする？ 本能のまま、おなかが空いたら食べちゃうんだよね。そうです、ラッキーと思い食缶に手を突っ込んで廊下でバクバク食べちゃいます。

もしもシリーズ2！ もしも、みんながまだこの1段階目にいたら…。
焼きそばをおなかいっぱい食べて4時間目は眠くなっちゃったぞ。そして、オシッコもしたくなってきた。さあ、どうする？ 本能のまま行動するんだよね。座ったままオシッコしてすっきり、そしてグーグー寝ちゃいます。

1段階目で止まっている人はいません…よね。
ああ、良かった(;´∀`) 覚えていないだろうけれど、赤ちゃんの頃は、この本能によって「おなか空いた」「お尻が気持ち悪い」「眠い」を泣いて知らせています。

欲求 ② 生きていくために危険から身を守りたい欲求

もしもシリーズ3！ もしも、みんながまだこの2段階目になっていなかったら…。
前からすごいスピードで車が走ってきても、よけずにずんずん歩いていきます。だって、危険と思わないから〜。

もしもシリーズ4！ もしも、みんながまだこの2段階目になっていなかったら…。
気になるもの、みんな口に入れて試します。腐っているのか、毒なのか、虫なのか、画鋲なのか、な〜んて気にしないの。だって、危険と思わないから〜。

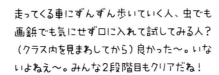

走ってくる車にずんずん歩いていく人、虫でも画鋲でも気にせず口に入れて試してみる人？（クラス内を見まわしてから）良かった〜。いないよねえ〜。みんな2段階目もクリアだね！

欲求 ③ グループの一人として認められたい欲求

もしもシリーズ5！ 居場所が決まっていると安心ってこういう場面。遠足のとき、だれとお弁当を食べる？ 決まっていると安心だし、決まっていないとちょっと心配だったりします。結局はみんなでごちゃごちゃ座って楽しく食べるんだけれどね。

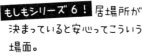

もしもシリーズ6！ 居場所が決まっていると安心ってこういう場面。
入学式で発表になるクラス、同じ幼稚園（小学校・中学校）の人がいるとちょっと安心します。家が近所、習い事やスポーツで一緒、知っている顔がいてもホッとします。元々知っていた人とは特別親しくならず、すぐに新しいお友だちができることもあるけどね。

グループに所属するのが苦手で、一人でほあーんとしていたい人もいます。人はそれぞれ個性があるから、みんな同じじゃなくてもいいんです。いつもは、どこかに所属していたいけれど、たまには一人でほあーんとしていたいなあ、って思うこともあります。これもアリ！

欲求 ④ 周囲の人に認められたい欲求

いつでも、どこでも「私を認めて、かまって！」というかまってチャンの要求とは違います。自分の成し遂げたことは仲間に知ってもらいたい、評価してもらいたい、という気持ち。前者と後者、教室には混在しているので先生は本当に大変！

欲求 ⑤ 頑張って目標を達成したい欲求

すごい人を見て「さすが！」と思うけれど「どうせ自分は無理」と思ってしまったら何も成長しません。その人と自分は違うのですから。自分だったらこのくらいの目標に届けば上出来！ という身の丈が感覚でとらえられるようになるってことですね。自分でたてた目標なので、クリアできた時の満足感も大きいです。

5年生で指導することの多い内容ですが、話しながら自分は果たして？ と考えることがあります。「先生は大人だけれど、欲求4と欲求5は、うまくできるときとうまくできないときがある。心ってずっと成長しているってことなのかな」と率直に話します。「先生もできないときがあるの？」「ちょいちょいあるよ〜（^_^;）」「へえ〜（なぜかちょっと嬉しそうな子どもたち）」

心シリーズ③

イライラ　ムカつく

　前回まで、心がどのように生まれるのか、そしてどのように成長するのかに迫りました。成長の過程で起こるのが『成長痛』です。思春期に起こる心の難しさを『成長痛』と呼び、その仕組みと付き合い方を学びます。ここを知っているのと知らないのとでは、生きづらさが違ってきます。オイカワが大好きな授業ネタです。小学校での実践ネタではありますが、思春期の心を扱った内容が多いので、中学生や高校生でも楽しめるはずです。どうぞ、みなさんの校種に合わせてアレンジして試してください。

教材「イライラ、キレるのはどうして？」

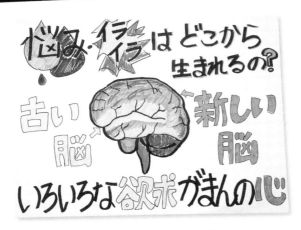

子どもたちはまず、脳に「新しい脳」と「古い脳」があることに驚きます。そして、説明を聞けば聞くほど自分と重なったり、納得がいったりで、再度驚きます。その様子を見るたび「やった！」と心の中でガッツポーズをしています。

「古い脳の絵」と関連する「イライラ・キレる」などの文字、「新しい脳の絵」と関連する文字、それぞれ色をそろえて、色でグループ分けが捉えられるようにしています。視覚に訴える工夫です。

ミニネタ
No.**27**

心シリーズ③

～イライラ　ムカつく～

@「この頃生意気」、「いつからそんなクチをきくようになったの」、「学校のことを何も話してくれなくなった」、そんなことを言われ始めた人はいませんか？　ハイ、順調に心が成長している証拠です。なぜ、そのようなことが起こるのかわかると、ナルホドって思いますよ。

	働きかけと流れ
導入 **1** 分	おうちで「いつからそんなクチをきくようになったの」と言われたり、逆に「学校のことを何も話してくれなくなった」などと言われ始めた人はいませんか？　友だちからの一言にムッとなったり、自分の意見が通らないと投げ出したくなったり…。『前はこんなにイライラしなかったのに』、って思っている人はいませんか？ （アルアル、と子どもたちが少しざわついたらラッキーです。そうさせたいです） ハイ、順調に心が成長している証拠です。
展開❶ **3** 分	心は脳で生まれ、成長すると勉強しました。 心を生み出すのは脳の中の「大脳」です。 ① 内側が古い脳で、本能的な心が生まれます。 ② 外側が新しい脳で、経験から学んだことが育ちます。 ③ 古い脳が本能で「〇〇したい！」「××いやだ！」と思ったときに、「がまんしなくちゃ」「それはルール違反だよ」と教えてくれるのが新しい脳です。 ④ 思春期は心の成長が大きく、バランスを取りにくくなり、古い脳と新しい脳がうまく連携できなくなることがあります。 ⑤ これが悩み、落ち込み、イライラ、ムカつき、キレるなどを起こします。
展開❷ **4** 分	古い脳と新しい脳のやり取りがうまくいかない例を見てみましょう。 （担任とTTでもヌイグルミとTTでもOK） 小さい頃は「ママ〜、宿題あるから一緒にやって〜(^^)/」と甘えていましたが、最近は…。 子「宿題やりたくない、めんどくさーい。ゲームやりたい。でも宿題やらなきゃ、イライラ」 母「今日は宿題あるの？　ゲームやってもいいけど宿題あるなら終わってからね」 子「言われなくてもわかっているよ！　ウルサイ!!　あっちいけ!!」 母「いつも通りのことを、普通に話しただけなのに (ノД`)ｼｸｼｸ or (｀ー´)ﾉこらあ〜」 古い脳は本能なので「めんどうなことはしたくない」「楽しいことをやりたい」と思います。新しい脳は「宿題はやらなくちゃ」とわかっています。新しい脳が古い脳を説得できなくてイライラ。そこにお母さんの一言で古い脳が爆発！　攻撃する力が発揮されてしまいました。
まとめ **1** 分	からだが急に成長する頃に膝や踵などが痛むことを一般的に「成長痛」と言いますね。同じように心が急成長する思春期にも「心の成長痛」が起こります。どちらも、起こる人も起こらない人もいるし、重症の人も軽い人もいます。長くかかる人もいれば短期間で終わる人もいます。なぜこんな気持ちになるのか、心が激しく波打つのか、理由がわかっているだけで不安も少なくなりますね。

☆流れは最低限の言葉をコンパクトに載せています。ネタに使える時間に合わせて説明を追加し、使い勝手がいいように加工してください。

参考にした資料をオイカワのフィルターを通し、こんな形で説明をしている、という言葉の資料です。説明や例をあげるときに利用してください。

古い脳と新しい脳

古い脳

生き物として元気にたくましく生きていくための働きをしている。食べること、眠ること、危険から身を守ることをコントロールしている。喜び、怒り、恐れなど心のもとを生み出している。本能的な心。本能とは、生き物として、生まれたときから備わっているもので、人間だけでなく他の動物にも備わっている。身に危険なことが起きたとき、吠えたり、牙をむき出して威嚇したり、噛みついたりするのがこの働き。

新しい脳

本能をコントロールし、古い脳で生まれた心を人間らしい心にかえている。人間の新しい脳はどの動物よりも発達しているので、人間の心はどの動物よりも深く広く細やかにできている。細やかなのでちょっとしたことでも『ゆがみ』が起きることもある。

イライラ

古い脳から生まれた本能的な「〇〇をしたい」「〇〇がほしい」「××はやりたくない」「××から逃がれたい」という思い。でも、すべてはかなわない。思い通りにならなかったとき、新しい脳が上手に「このくらいがまんできるよね」「今回はかなわなかったけれど次は大丈夫」と古い脳を説得できると心は落ち着く。それができないと本能的な心がザワザワ騒いで『ゆがみ』が起こりイライラになる。

爆発・キレる

古い脳は危険なことから身を守るために「相手を攻撃するんだ！」と指示を出す。動物が吠えたり、牙をむき出して威嚇したり、噛みついたりするのがこの働き。人間は新しい脳が発達しているので、「攻撃はよくないよ」「話し合いで解決しよう」「一呼吸おいて別のことをしよう」と説得してくれる。

古い脳の働きが強すぎると新しい脳の働きを抑え込んでしまい、攻撃をしてしまう。思い通りにいかないことを身に迫る危険、と判断してしまう。いつもなら抑え込んでくれる新しい脳の働きが、抑え込まれている。そして本能のままに攻撃してしまう。これが「キレる」ということ。

思春期の心

子どもから大人に近づく過渡期。からだの成長や変化だけでなく、心も大きく成長し変化する。心が揺れ動く、バランスが取りにくい、と表現することもある。古い脳と新しい脳の力関係やバランスが取りにくいと、捉えられる。

素直に甘えられていた親に甘えたくない、甘えるなんて恥ずかしいと思えてくる。親にひとこと言われたとき、幼い頃は好かれたい、甘えたい気持ちから、

「ウルサイ」と感じても、新しい脳が止めてくれた。思春期は素直になることが恥ずかしく感じ、甘えられず、新しい脳が力を抑え込まれてしまうことが多くなる。落ち着くと「どうしてあんなことを言ってしまったんだろう」と不思議になることもある。それでも謝るのが苦手な時期。

自分で自分の心をコントロール、舵取りも難しい。（オイカワが勝手に）「心の成長痛」と呼んでいる。

今回は思春期について、繰り返ししつこいように説明しています。教科書ではさらりと「思春期といいます」程度に書かれています。でも、オイカワは、あの頃の「不思議な」「うまく説明のつかない感覚」をなんとかして子どもたちに「怖くないよ。理由があるんだ」と伝えたいのです。たくさん並べた言葉の中に、みなさんにヒットする言葉や説明があると嬉しいです。腑に落ちた言葉があったらそれを先生方のフィルターを通して、子どもたちに伝えてください。

☆この感覚を頭において、体験も含め語ってあげましょう。
☆「今、思い出すといい頃だったな〜」などマイナスイメージだけにならないようにネ！

ミニネタ No.28

心シリーズ④
新しい脳のトレーニング (1)

前回は、思春期に起こる心の『成長痛』の仕組みを学びました。成長痛なんだから、思春期はイライラして乱暴になっても仕方ないの？　違います！　じょうずな付き合い方があるのです。これがわかっていると、この時期の生きづらさが違ってきます。このトレーニングシリーズは、ワークショップ型で、手ごたえがあり、オイカワが大好きな授業ネタです。小学校での実践ネタではありますが、中学生や高校生でも楽しめるはずです。どうぞ、みなさんの校種に合わせてアレンジして試してください。

教材「新しい脳をきたえて育てるトレーニング」

意味のわからない不思議な感情、そう思っていたモノが「心の成長痛」とわかり、対処法もあるとわかれば、大きく立っていた波風も少し凪ぐというものです。自分だけではない、友だちもそうだったんだ。先生も昔そうだったなんて…。ますます、ホッとします。

心シリーズ④

～新しい脳のトレーニング（1）～

@思春期はイライラして乱暴になっても仕方ないの？　違います！　古い脳の暴走を抑える力をつけましょう！　そのために、新しい脳をきたえましょう！　育てましょう！　新しい脳はどんどん吸収してくれます！

	働きかけと流れ
導入 1 分	（ミニネタ No.27 の「イライラ　ムカつく」の教材を提示する） 　思春期は心に成長痛が起き、新しい脳が本能的な古い脳を抑え切れずに、イライラしたり、キレやすくなったりするのでした。 （ミニネタ No.26 の「心も成長する？」の教材を提示する） 　みんなの新しい脳はどんどん成長して、本能のままの生活ではなくなっていました。ここで、新しい脳にもうひとがんばりしてもらうためのトレーニングをします。そして、古い脳を抑え込めるようになりましょう。 ＊教材は黒板の端のほうに貼ったままにし、子どもたちの視界に入れておくと定着していく。
展開❶ 1 分	新しい脳のトレーニングを3つ紹介します（教材①～③を順に貼る）。 ① ムカっときたら、すぐに声や表情に出さず、一瞬でいいのでがまんしてみる。 　一瞬ができるようになったら、3秒、5秒とがまんの時間をのばす。 ② ムカっとした本能的な感情を言葉にして言ってみる。 　自分の中で言ってもいいし、相手に伝えられたら、さらにいい。 ③ 自分と同じ気持ちで同じ感情の相手はいない。相手は違うことを考えていて当たり前。 　相手は、なぜあなたをムカつかせる言葉や行動をとったのか想像してみる。
展開❷ 6 分	前回の宿題をめぐるトラブルを例に、具体的に説明します（教材①～③を順に指す）。 　　小さい頃は「ママ～、宿題一緒にやって～（^ ^)/」と甘えていましたが、最近は心の成長痛も起こり始め、やらなくちゃという気持ちと、やりたくないという気持ちのぶつかり合いが大きくなっています。 　子　「宿題やりたくなーい、めんどくさーい。ゲームやりたい。でも宿題やらなきゃ、イライラ」 　　そんなときに、お母さんからのムカつく一言がきます。 　母　「今日は宿題あるの？　ゲームやってもいいけど宿題あるなら終わってからね」 　子　「言われなくてもわかっているよ！　うるさい‼　あっちいけ‼」 　　ここで①です。一瞬でもいいのでぐっとこらえてみましょう。 　　では、もう一度いってみます。 　母　「今日は宿題あるの？　ゲームやってもいいけど宿題あるなら終わってからね」 　子　「・・・・・」 　　こらえられましたか？　目をつぶる、深呼吸をする、ワンクッションになる動作を入れるのもいいですよ。もし、できてきたら、3秒、5秒とこらえるのをのばしていきます。 　　ここで②に進んでみましょう。「うるさい」や「あっちいけ」ではなく、何にムカついたのか言葉で伝える練習です。どんな言葉で伝えますか？

＊少しざわざわしてもいいので、近くの子どもと相談させてみましょう。子どもの間から、答えになるような言葉がつぶやきとして聞こえてきたら、そこをとらえ、数人に発表してもらいます。

今、いくつか聞こえてきました。みんなに聞こえるように言ってもらえますか。

自分でもゲームの前に宿題をやろうと思っていた。

じゃあ、どうしてほしいですか？　そこまで伝えましょう。

→何も言わずに見ていてほしい。

＊同様に、数人にたずねる。

やらなかったら言ってもいいけど、その前に言われるとムカつくんだ。

→宿題のことを言うのは、やめてほしい。

この頃、イライラして、話しかけられるだけでムカつくときがあるんだ。

→イライラしていそうだったら、話しかけないでほしい。

いいですね。気持ちが伝わってくるし、どうしてほしいのか具体的で、次はどうしたらいいのかわかって、お母さんは助かります。

最後の③をやってみます。お母さんはどうして「今日は宿題あるの？　ゲームやってもいいけど宿題あるなら終わってからね」と言ったのか、想像してみましょう。あなたはお母さんではないので、本当のことはわかりませんが、想像することはできます。相手になって、その気持ちを想像するなんて、高等テクニックです。新しい脳がいっぱい育ちます！

＊少しざわざわしてもいいので、近くの子どもと話をさせて、時間で切って終わりにします。相談、発表を2回も繰り返すと飽きます。それに、答えは一つ「宿題を忘れたら私が困ると思って、心配してくれたから」です。いい答えを求めるのが目的ではなく、お母さんの気持ちを想像する、それを友だちと話して確認するプロセスに意味があります。

まとめ
1分

宿題の話をもとにトレーニングをしてみました。今日のこの時間だけでも、新しい脳はぐんぐん育ちました。同じようなことがあったら、同じような気持ちになったら、今日のトレーニングを思い出して試してみてください。うまくいかなくても、試そうと思いついただけでトレーニングになっています。

☆流れは最低限の言葉をコンパクトに載せています。ネタに使える時間に合わせて説明を追加し、使い勝手がいいように加工してください。

思春期に関する脳トレーニングは、授業参観など保護者にも見てもらうと効果的です。子どもの心の変化・成長のしくみがわかっていると、親も気持ちが楽になります。具体的な対応の仕方も見えてきます。

参考にした資料をオイカワのフィルターを通し、こんな形で説明をしている、という言葉の資料です。説明や例をあげるときに利用してください。

脳はいつできはじめるの?

お母さんのおなかの中にいるときにできはじめる。
お母さんの心とからだに悪いものは、赤ちゃんにもよくない。お母さんにいいものは赤ちゃんにもいい。
脳ができるときに大切なものは、お母さんの心とからだの健康。

2歳で70%の重さに

大人の25%の重さで生まれてきた人間の脳は、2歳ごろになると70%近くの重さになる。2歳ごろまでに、たくましく生きていくために必要なことをたくさん覚える。
その後は、人間らしい心も持って生きていくために必要なことをたくさん覚える。

ゆっくり成長する人間の脳

人間に近いチンパンジーの生まれたときの脳の重さは、大人の45%ほど。人間の生まれたときの脳の重さは、大人の脳の25%ほど。この違いはなに?
野生の動物は、生まれてすぐに歩いて食べ物を探したり、敵から身を守ったり。それができるのは脳が半分くらいできあがって生まれてくるから。
人間もそうすればいいのに…。
人間の赤ちゃんが、おなかの中で半分くらい脳ができあがっていたら、頭が大きくなりすぎて、生まれにくくなってしまう。だから、あまり脳が成長しないうちに生まれてくる。なるほど。

現在6歳の孫（姉）、2歳の頃イヤイヤ期は壮絶だった。ばあばの入れた麦茶は捨てられ、ばあばが触ると手で払われた。何をするにも反抗し、泣き叫びすぎて声が枯れていた。
「じゃ、ばあばはお邪魔なので帰ります（;o;）」というとしがみついて帰れなくなった。
現在5歳の弟が2歳のときは、まだまだ赤ちゃんぽくてイヤイヤ期にも達していなかった。脳の発達、心の成長をまとめながら、二人が思い浮かんでしまう。そして、この姉弟の思春期はどうなるのかなあ…。ばあば、元気にがんばるから、お付き合いよろしく。

心シリーズ⑤
新しい脳のトレーニング（2）

　前回は、①がまんしてみる、②言葉にしてみる、③相手の気持ちを想像してみる、という3つの新しい脳をきたえるトレーニングを紹介しました。この3つを使って、教室でよくある場面を実践編としてやってみます。このトレーニングシリーズは、ワークショップ型で、手ごたえがあり、オイカワが大好きな授業ネタです。小学校での実践ネタではありますが、中学生や高校生でも楽しめるはずです。どうぞ、みなさんの校種に合わせてアレンジして試してください。

ミニネタ
No.**29**

心シリーズ⑤
〜新しい脳のトレーニング（2）〜

@①がまんしてみる、②言葉にしてみる、③相手の気持ちを想像してみる、という3つの新しい脳をきたえるトレーニングの実践編です。どんな場面に応用できるかな。

働きかけと流れ

導入 **1** 分	対立や言い合い、ムカつく場面。学校の中ではどんなことがあるか例をあげてみよう。 ・掃除をさぼる男子と怒る女子。 ・クラスボールを誰が使うか取り合いになる。 ・クラス集会の内容でもめる（ドッジボール vs. こおり鬼　など）。 ・集団登校で言うことを聞いてくれない下級生。などなど、どれを実践例にするか選ぶ。
展開 **7** 分	新しい脳のトレーニングを3つに当てはめて実践例をやってみる（教材①〜③を順に貼る）。 ① ムカっときたら、すぐに声や表情に出さず、一瞬でいいのでがまんしてみる。 　一瞬ができるようになったら、3秒、5秒とがまんの時間をのばす。 ② ムカっとした本能的な感情を言葉にして言ってみる。 　自分の中で言ってもいいし、相手に伝えられたら、さらにいい。 ③ 自分と同じ気持ちで同じ感情の相手はいない。 　相手は違うことを考えていて当たり前。 　相手は、なぜあなたをムカつかせる言葉や行動をとったのか想像してみる。 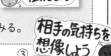 ＊次ページからのイラストを参照してください。
まとめ **1** 分	今日のこの時間だけでも、新しい脳はぐんぐん育ちました。同じようなことがあったら、同じような気持ちになったら、今日のトレーニングを思い出して試してみてください。 うまくいかなくても、試そうと思いついただけでトレーニングになっています。

具体的な場面がぱっと思いつかないこともあるので１つ例になるようなものを示すとわかりやすい。
どんな様子か聞いてから、一度、再現してみる。
ＴＴの場合は２人で子どもになりきって楽しく再現。１人のときは、ぬいぐるみ相手や１人２役で。
（p.83参照）

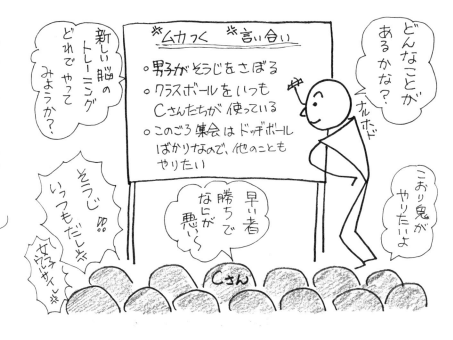

🌐 ボール だったら…

一緒に遊びたいという誘い文句が入っていると、ボールを取られるというのと違ってくる。「言われたら、どんな気持ち？」「なんて答える？」数人に聞いてみるといい。

ＴＴで行う場合は、事前に担任と相談しておき、クラス内でよく起こるトラブルが例にあがるように上手に誘導する。ここでトラブルの原因や、対処法を学ぶと、次回同じようなことが起きたときに生きてくる。

経験から、例は２つがちょうどいいと思う。１つでは特例のようになるし、３つでは繰り返しに飽きる。

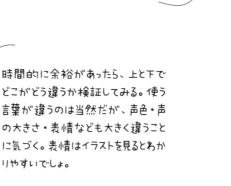

時間的に余裕があったら、上と下でどこがどう違うか検証してみる。使う言葉が違うのは当然だが、声色・声の大きさ・表情なども大きく違うことに気づく。表情はイラストを見るとわかりやすいでしょ。

🧹 そうじ だったら…

上のＢは教員がやっておいて、下のＢは子どもにやってもらうと楽しい。「掃除に遅れて来たと思って、いつも通り入ってきて」と話しておき、①②③の声かけをすると拍子抜けして何も言えなくなったり、照れたり（笑）。

ハイハイハイやればいいんでしょ

ヘラヘラ〜

ムカ〜ッ

パキッ

おっそーい！

①おそかったねヘニコリン

②もう少し早く来てくれるといいなあ

③何かあったの？大丈夫？

何かって言われると…

え・え・え〜っと

以前、元気モノの男子にこの役をやってもらった。怒る言葉に対しては倍返しの攻撃が来たが、下の優しい言葉かけをしたとたん、どうしていいか困って顔を赤くしてクルクル回りながら廊下に出て行ってしまい、教室中が大笑いに。

133

初声小学校健康教育（道徳）　5年

心の健康　〜心のトレーニング〜

＜授業のねらい＞
　体育・保健学習で心の発達及び不安、悩みへの対処について学習した。その発展としてワークショップを通し、悩みや葛藤への対処の仕方や他とのかかわり方について理解を深める。

＜道徳としてのとらえ＞
　道徳内容項目のA−（4）個性の伸長、B−（7）思いやり（10）友情、信頼（11）相互理解、寛容、を組み合わせながら関連させて実施する。

＜授業計画＞
＊夏休み前の1時間、キャンプ前の1時間　計2時間
＊授業は担任・及川のTTで実施。
＊活動の様子、ワークシートへの記入や振り返りから理解の深まりを見とり評価する。

日時	学習内容　・　活動	趣旨　・　留意点
全クラス共通	心のメカニズム	脳には本能的な古い脳とルールを守ろうとする新しい脳があり葛藤が起きる。特に思春期は古い脳の爆発がおこりやすく、イライラの原因にもなる。
	心のトレーニング	ワークにより新しい脳を働かせ新しい脳を育て、古い脳の爆発を抑えることができる。各クラスにあったワークを実施する。
1	5-2　2校時　カウンセラー体験　2〜3人	まじめに相手の気持ちを受け止め、自分の投げかけた言葉が相手の心にどのように届くか想像し、優しい気持ちをこめて言葉を考える。
	7/13	
	7/14　2校時　5-1　○○ってなかなかだ　3〜4人	よいところを見つけようと相手を見つめなし、ほめることで優しい気持ちになり、ほめてもらうことで嬉しい気持ちになり自信にもつながる。
	7/15　2校時　5-3　4〜5人　心をつかって言いかえよう	自分の言葉を相手がどう受けとるか想像し、心を使って相手の気持ちに寄り添う言葉に言い換えることで互いの関係が変わることを体験する。
2	5-1／5-2／5-3　自分発見　友だち発見　心理テスト	子どもの好きな心理テストを教材に、人それぞれものの見方、考え方、感じ方が違うことを体験する。みんな違うのだから意見が合わない、気持ちがうまく伝わらないのは当たり前。理解し合うためには自分の思いや考えをきちんと伝えることが必要ということを理解する。

＊ワークシート、教材は及川が準備する。
＊効果的なペアやグループ分けは担任が指示誘導。

　攻撃的なタイプが多い学年で、キャンプでのトラブルを心配し、学年から相談を受け、キャンプ前に道徳の時間を使って、新しい脳のトレーニングワークを行いました。

　ワークは統一したものではなく、各クラスの個性に合わせました。ねらいを達成するために、そのクラスの実態に合ったワークを選ぶのは当然です。デリバリー方式という「おきて破り（？）」をしている時点で、全クラス同じでなくては、という考えは、どっかに吹き飛んでいます。

　いろいろな人間関係がある時期なので、ペアやグループ分けは担任にお願いしました。各ワークは書籍『オイカワ流　保健学習のススメ』（東山書房）をご参照ください。

　たった2時間ほどのワークで、子どもたちが見違えるほど変化したら苦労しません。でも、やらないよりやったほうが良かった！　という点がありました。

オイオイ

ズルズル〜

古い脳が暴走した…
新しい脳が弱かった…

あやまる気にはなれないけど

　「どうしてこうなった？」と聞くと、今までだったら相手が悪かったからと言いたくなるところを「古い脳が暴走した」「新しい脳が弱かった」と答えられるようになりました。イラついてしまう思春期の心と、それをコントロールしきれない自分と相手がいたから起きたトラブル、そう決着できると、本人たちも着地点があるので気持ちが楽になるのです。
　もう1点。「次はどうしたらいい？」に持っていくのがスムーズになります。「①②③をやってみる」答えがシンプルでやることが明確だからです。

ミニネタ
No.**30**

心シリーズ⑥
新しい脳のトレーニング（3）

　前回までは、①がまんしてみる、②言葉にしてみる、③相手の気持ちを想像してみる、という3つの新しい脳をきたえる方法を知り、教室でよくある場面を実践編としてやってみました。今回は他者とのかかわりの中で使う言葉に着目してみます。新しい脳を使って、相手に優しい言葉に言い換えるトレーニングです。まだまだボキャブラリーの少ない子どもたちなので、正解の言葉が見つからなくても、相手のために新しい脳を使って悩み考える姿勢は伝わります。このトレーニングシリーズは、小学校での実践ネタではありますが、中学生や高校生でも楽しめるはずです。どうぞ、みなさんの校種に合わせてアレンジして試してください。

ミニネタ
No.**30**

心シリーズ⑥

～新しい脳のトレーニング（3）～

@言われてムカっとなったり、グサッと刺さったりする言葉があります。人によって違ったりもします。
　新しい脳を使って違う言い方を考えてみましょう。難しければ難しいほど、悩めば悩むほど新しい脳はきたえられて良いトレーニングになります。

働きかけと流れ	
導入 1 分	言われてムカっとなったり、グサッと刺さったりする言葉があります。相手の立場になったり、相手の気持ちを想像したりしながら、優しい言葉に言い換えます。この作業は、新しい脳をたくさん使います。言い換えが難しければ難しいほど、悩めば悩むほど新しい脳はたくさん働いて、良いトレーニングになります。さあ、やってみましょう。
展開 8 分	① 2つほど例を出す。言い換えのやり方を理解させる。 ②「言われて嫌な言葉」を近くの人と相談して1つ決める。 ③決めた「言われて嫌な言葉」を挙げてもらう。10個前後がちょうどいい。 ④ホワイトボードに書いていく。10個前後の「言われて嫌な言葉」が並ぶので、どんな言葉が人を傷つけるか、嫌な気持ちにさせるのか、確認できる。 ⑤近くの人と相談してできそうな「言われて嫌な言葉」を1つ選び、言い換えに挑戦。 ⑥考えた言い換えを発表してもらい、ホワイトボードに書く。 ⑦出た言い換え言葉をみんなで見合う。完成度や良しあしはともかく「みんな新しい脳を働かせて考えたね」とプロセスを評価する。良い部分はたくさんほめる。
まとめ 1 分	今日のこの時間だけでも、新しい脳はぐんぐん育ちました。言われて嫌な言葉と出会ったら、今日のトレーニングを思い出し、言い換えをしてみましょう。友だちが言われたのであれば、言い換えて伝えてあげましょう。良い言葉が浮かばなくても、友だちには、あなたの気持ちが伝わります。

あ行

あきっぽい
→好奇心旺盛
→興味が広い

あきらめが悪い
→一途
→チャレンジ精神に富む

甘えん坊
→人にかわいがられる

あわてんぼう
→行動的
→行動が機敏

いいかげん
→こだわらない
→おおらか

意見が言えない
→争いを好まない
→協調性がある

いばる
→自信がある

浮き沈みが激しい
→心ゆたかな
→表情ゆたかな

うるさい
→明るい
→活発な
→元気がいい

おこりっぽい
→感受性ゆたか
→情熱的

おしゃべり
→社交的

おっとりしている
→細かいことにこだわらない
→マイペース

おとなしい
→おだやか
→話をよく聞く

面白みがない
→まじめ

か行

かたくるしい
→きまじめ

勝気
→向上心がある

かっとしやすい
→情熱的

変わっている
→個性的

がんこ
→意思がかたい
→信念がある
→一貫性がある

気が弱い
→人を大切にする
→我慢ができる

気性が激しい
→情熱的

きつい性格
→シャープな感性

厳しい
→責任感がある
→自分に自信がある

口が軽い
→嘘がつけない
→社交的

口が悪い・言うことがきつい
→率直

口下手
→嘘がつけない

暗い
→自分の世界を大切にしている

けじめがない
→集中できる

けち
→経済観念がある

強引
→エネルギッシュ

興奮しやすい
→情熱的

こだわりやすい
→感受性が強い

断れない
→相手の立場を尊重する
→人のために尽くす
→寛大

さ行

さわがしい
→明るい
→活発
→元気がいい

しつこい
→粘り強い

自分がない
→協調性ゆたか

自慢する
→自己主張ができる
→自分を愛している

地味
→素朴・ひかえめ

消極的
→ひかえめ
→周りの人を大切にする

図々しい
→堂々としている

責任感がない
→無邪気・自由

せっかち
→行動的
→行動が機敏

外づらがいい
→社交的

「エンカウンターで学級が変わる〈Part3〉小学校編」
（図書文化社）よりオイカワが抜粋し使いやすく編集

た行

だまされやすい
→素直・純粋
→人を信じられる

だらしない
→こだわらない
→おおらか

短気
→感受性ゆたか
→情熱的

調子にのる
→雰囲気を明るくする
→ノリがいい

冷たい
→知的・冷静
→判断力がある

でしゃばり
→世話好き

な行

生意気
→自立心がある

涙もろい
→人情味がある
→感受性ゆたか

根暗
→自分の世界を大切に
している

のんき
→細かいことにこだわ
らない
→マイペース

のんびりした
→細かいことにこだわ
らない
→マイペース

は行

八方美人
→人づき合いが上手

反抗的
→自立心がある
→考えがはっきりして
いる

人づき合いが下手
→こまやかな心を持っ
ている
→自分の世界を大切に
している

人に合わせる
→協調性ゆたか

一人になりがち
→自立している
→独立心がある

人をうらやましがる
→理想がある

ふざける
→陽気

プライドが高い
→自分に自信がある

ぼーっとしている
→細かいことにこだわ
らない
→マイペース

これはあくまでも参考資料です。子どもた
ちから出てくる言葉はもっと生活に密着した
ものになると思います。国語的に正しくな
くても、思いが伝われば OK！　とにかく
一生懸命考えるプロセスが大切です！

ま行

負けず嫌い
→向上心がある

周りを気にする
→心配りができる

無口な
→おだやか
→人の話をよく聞く

向こう見ず
→思い切りがいい
→行動的
→判断力がある

無理をする
→期待にこたえようと
する
→協調性がある

命令しがち
→リーダーシップがあ
る

目立たない
→素朴な
→協調性がある

目立ちたがり
→自己表現が活発

面倒くさがる
→おおらか

や・ら行

よく考えない
→行動的

乱暴
→たくましい

ルーズ
→こだわらない
→おおらか

137

このあとやることが具体的に思い浮かぶようような例を示す。例は子どもたちが考えるヒントになるのでずっと見えるようにしておく。画用紙に書いて準備するのがおすすめ。すぐに示せるのと、板書のときじゃまになったら空きスペースに移せるので便利。

子どもたちから「言われて嫌な言葉」を挙げてもらうときの注意。
例に挙がっただけで傷つく子どもがいるような「言われて嫌な言葉」は避ける。容姿、肌の色、国籍、性の多様性に関することなどなど。指導する子どもの実態に合わせて、「NGワード」もあると説明するとよい。
「NGワード」など思いつきもしないであろう年齢層、また、「NGワード」に該当する子どもが指導対象に居ない場合は、あえて説明しない。

① ふざけ すぎる
② みんなを 楽しませるのが 上手
③

すぐ おこる
気もちが はっきりしてる
③ でも、今は 静かに 話をきく 場面かな

③ でも、大きな声は びっくりするから 優しく話してね

ダメ出しではなく「こうするといいかもね」まで伝えられたら スゴすぎ！

「言われて嫌な言葉」の例は少ないと限定されてしまうし、多すぎると収拾がつかなくなる。10個前後あると、いろいろな場面や角度からの言葉が出てくる。言い換えも、考えやすそうな例から選んでいい。選ぶためにも10個前後あると選びやすい。

先生受けする言葉や、正解に近い言葉を探す必要はない。どんな言い方をしたら優しさが伝わるかな、嫌な気持ちが少し和らぐかな。相手の気持ちを想像する、自分だったらと立場を変えて考えてみる。その想像や考えること自体が大切。そこをしっかりおさえる。

考えやすそうな例から選ぶと、1つの例に何パターンかの言い換えが出ることがある。そのときは「答えは1つじゃなく、いろいろあっていいんだね」とおさえる。選ばれずに言い換えができなかった言葉について、時間に余裕があれば、みんなで意見を出し合い考えてもいい。

心シリーズ⑦
カウンセラーになろう（1）

　心のトレーニングも上級者コースになってきました。とはいえ、今回は子どもたちの大好きな「ごっこ遊び」の応用です。一言でいうと「カウンセラーごっこ」です。「相手の悩み」を聞き取り、「相手の立場」になって、「相手がホッとする言葉」を探す作業です。カウンセラーと銘打ったおかげで、することがとても分かりやすくなります。そして、子どもたちの「相手を喜ばせたい」思いをそそり、盛り上がります。小学校での実践ネタではありますが、中学生や高校生でも楽しめるはずです。どうぞ、みなさんの校種に合わせてアレンジして試してください。

教材「カウンセラーになろう」

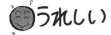

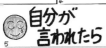

悩みへの対応の仕方をシンプルにコンパクトに、そして視覚に訴える形で教材にしています。

❶ **まじめに**
　どんな悩みも真剣に考える

❷ **安心する**
　聞いた人がホッと安心する言葉

❸ **うれしい**
　聞いた人が嬉しくなる言葉

❹ **私は〜だよ**
　自分だったらこうするかも

❺ **自分が言われたら**
　嬉しいかホッとするか、振り返る

悩みに答える形を思いついた後、悩みをどうしようか考えました。心シリーズで大活躍の『心はればれ元気なからだ』(ぱすてる書房)にちょうどいい内容があったので、オイカワ流に加工してこのトランプ形式になりました。

ミニネタ No.31 心シリーズ⑦

～カウンセラーになろう（1）～

@今日はみんな即席カウンセラーになります。「相手の悩み」を聞き取り、「相手の立場」になって、「相手がホッとする言葉」を探します。相談に来た相手がホッとして嬉しそうな顔をすると、アラ不思議。自分までとっても嬉しくて温かい気持ちになります。

働きかけと流れ

導入 1分

＊オイカワの学校では年間8〜9回SCさんが来てくれます。勤務日が多く、子どもにとってSCが身近な地域もあるでしょう。学校の実態に合わせてSCを例に説明してください。

今日はみんながカウンセラーさんになるよ！
相談した人がホッとして嬉しくなるような、すてきなカウンセラーさんになろう！

展開❶ 2分

カウンセラーになったみんなには先生の悩みに答えてもらいます。先生の悩みは…。
これは悩みカードです。先生の悩みはこのカードから選びます！

（悩みカードをトランプのように広げて見せる）

なになに「もっと可愛くなりたい」「妹・弟が悪いのに自分ばかりしかられる」「忘れ物をしてしまう」いろんな悩みがあるなあ〜。どれにしようかな〜。

（悩みカードに興味が向き『♪もっと見たい♪』が高まる。そこを見計らって）

〇〇さんに選んでもらいます。

＊誕生月の人、さっき歯が抜けた〇〇さんなどどんな理由でもいいので1人指名し、悩みを選び読み上げてもらう。どんな悩みが引かれても以下すすめ方は一緒。

展開❷ 6分

① 悩みを大きく書く。
② アドバイスのポイントを簡単に説明しながら貼る。
③ 時間を決めてまわりと相談する。
④ 考えたアドバイスを発表してもらい、板書していく。
⑤ 板書したアドバイスをポイントに照らし合わせて「このポイントを利用しているね、いいアドバイスだね」などほめる。ポイントから外れていても「いい切り口だ〜」などほめる。

まとめ 1分

・カウンセラーさんのお仕事は、悩みや困りごとに答えるというより、悩んでいる人に寄り添って、元気づけてあげて、どうしたらいいか考える力やエネルギーを悩んでいる人に注入してあげることなんだ。

・「一緒に悩んでくれた、真剣に考えてくれた、嬉しいなあ」そう思ってもらうのが、寄り添うってことなんだ。だから、真剣に考えられたかどうかがとても大事。

・みんなは、すてきなアドバイスを考えることができたけれど、そこはどうだったかな？　真剣に考えられたかな？　真剣に考えていた時間、みんなの心がふわっと育ったんだよ！

悩みをカードにして選んでもらう方法を考えついてからこのワークが、がぜん輝きだしました。盛り上がるのです。ネタを美味しく見せるのも、まずく見せるのも、このひと工夫なんだな〜、と思い知らせてくれた授業です。

20 の悩み例

① もっとかっこよく・かわいくなりたい。

② ちょっとイヤなことがあるとすぐ落ちこんで、つき合いにくいって言われる。

③ ともだちと仲よく遊べって言われるけど、一人でいるのが好き。

④ ともだちってどうやってつくったらいいのかわからない。

⑤ 外で遊ばないで、本を読んだり絵を描いたりしているほうが好き。だめなの？

⑥ みんな仲よくしなさいって言われるけど、どうしても好きになれない人がいる。

⑦ いけないとわかっていても、ついイタズラ・悪ふざけしてしまう。

⑧ たのまれるとイヤとことわれなくて、あとで困ることがある。

⑨ なんでもすぐに飽きちゃって続かない。

⑩ いけないとわかっていても、まちがえたり失敗したともだちをからかってしまう。

⑪ いけないとわかっていても、むかつくことを言われるといじめてしまう。

⑫ お店にならんでいる品物を見ていると、ほしくなる（万引きしたくなる）ことがある（したことはないよ！）。

⑬ ともだちにイヤなことを言われている。

⑭ 仲よしだったグループで仲間はずれにされている。

⑮ 学校に行きたくない日があってズル休みしたことがある。

⑯ 担任の先生と気が合わない。

⑰ 親が兄・弟・姉・妹ばかりかわいがって、自分ばかりしかられる。

⑱ 気をつけようと思っても、忘れ物ばかりしてしまう。

⑲ いけないとわかっていても、親に何か言われるとむかついて乱暴な口をきいてしまう。

⑳ いけないとわかっていても、妹・弟をいじめてしまう。

⑬実際に該当する児童生徒がいる集団ではこのカードを抜きます。
⑯担任と子どもたちがギクシャクしている場合はこのカードを抜きます。
＊『心はればれ元気なからだ』（ぱすてる書房）を参考にまとめました。

すぐにあきて習い事が続かない

友だちにイヤなことを言われている

ムカつくこと言われるといじめたくなる

まちがえた友だちをからかいたくなる

あるある 同じ あとは? もっと見せて

『悩みがカード??』と思わせてトランプを広げたように見せておき「それ！あるある！」というような悩みを2〜3読み上げる。子どもをグッと引きつけます。

引きつけたところで悩みを選んでもらいます。「選びたい人？」など聞くとそこで収拾がつかなくなったり、時間を無駄使いするので、なんでもいいので理由をつけて1人決めて選んでもらいます。

先生の悩みを選んでもらうのは…

☆昨日が誕生日だった○○さん

☆先生と誕生日が同じ○○さん

☆さっき乳歯が抜けた○○さんにお見舞いとして選ぶ権利プレゼント

☆骨折してる○○さん

いいな〜 あ〜 またやって〜

いけないとわかっていてもつい、イタズラ・悪ふざけしてしまう

ちょっとイヤなことがあると、ず落ちこんで、つき合いにくいと言われる。

　5年生の保健学習で行う場合は、例題として1つ2つ、ポイントにそった答え方を示すこともあります。また、ペアを組んで、相手の選んだ悩みにカウンセラーとして互いに答えることもあります。

ペアを組むとき、相性の悪い人はわざわざペアにしない、現在進行形でトラブルの起きている人をペアにしない、など配慮します。プロのカウンセラーではない普通の子どもたちです。イラっとしそうな相手、ムカっときやすい相手に対して「寄り添」ってみよう、というのはハードルが高すぎます。

心シリーズ⑧
カウンセラーになろう（2）

「カウンセラーになろう」のために作った教材、1回だけで終わらせるのはもったいないです。子どもたちは「他の悩みも見てみたい！」「答えてみたい！」と思っています。数回繰り返すことで力量もアップします。繰り返す際のテクニックは、飽きさせないよう、悩みを選ぶプロセスを楽しむことです。今回はそのあたりの技？　遊び心？　をご紹介します。どのパターンで行っても、最後のおさえがとても重要です。「一緒に悩んでくれた、考えてくれた、嬉しいなあ」そう思ってもらえるように、真剣に考えられたかどうかがとても大事。そこはどうだったかな。真剣に考えた時間に、みんなの心がふわっと育つんだ！　育ったね、良かったね！

ミニネタ
No.32

心シリーズ⑧
〜カウンセラーになろう（2）〜

❶ チームごとに悩みをひく
〜何が出るかな？キャンドルサービスパターン〜

自分たちも悩みカードに触りたい、ひいてみたい、何が出るかドキドキしたい、その欲求が満たされたことで、場の空気が温まり、活動に活気も出ます。

前回『特別な条件のたった一人』が悩みをひいたので、みんな自分もひいてみたいと思っています。4〜5人で1チームになり、指導者がキャンドルサービスのように悩みカードを持ってまわります。先にひいたチームの悩みは何だったんだろう、自分たちはどんな悩みをひいてしまうんだろう、わくわくドキドキです！

❷ 「ある、ある」「わかる、わかる」悩みを1つにしぼる
～きみの悩みは私の悩みパターン～

全部の悩みを黒板に貼りだすか、悩みを一覧表にしたプリントを数人に1枚配ります。その中から「ある、ある」「わかる、わかる」と共感できる悩みを1つ選びます。

クラスの友だちが、どのような悩みに共感しているのかを知ることができ「自分だけではなかったんだ」あるいは「みんないろいろ違うんだな」とわかります。

その上で、どんなアドバイスができるか、他の人の考えを聞くことができるので効果的です。一緒に悩む、考える、その時間を共有することが新しい脳に刺激を与えます。

144

❸
最難関の悩みを1つにしぼる
〜みんなで知恵をしぼってみようパターン〜

全部の悩みを黒板に貼りだすか、悩みを一覧表にしたプリントを数人に1枚配ります。その中から「これは難しい、どう寄り添っていいかわからない」という難易度の高い悩みを1つ選びます。

自由に考えを言える空気が大事です

③
けど二人が好き
仲良くって言われる

気をつかう人と一人
一人でいるのが楽かも

わかる気がする

一人が好きってわからない

ヘンとかいわないよ

ヘンなの

こういう悩みもあるんだね

思いつかなかった

すっごくわかる〜

二人でもいいよね

うん

クラスの友だちが、どのような悩みへのアドバイスに困難を感じているのかを知ることができます。難しい課題でもみんなで知恵をしぼると糸口が見つかるかもしれません。

迷い子になったら
アドバイスの **ポイント** にもどろう
迷い子は悪いことじゃない大事なプロセス

考えてくれたの伝わったよ

まじめに考えたけど、本当にむずかしくて…。どうすればいいか思いつかない…。う〜ん。ゴメンね。

いっしょに遊ぼうって言ってくれた人に、まず「**ありがとう**」というのはどうかな。**うれしい気持ち**は伝わるよね。「でも、今日はこの絵をかきたいの」とか「本を読みたいの」とか言えばいいよ〜。

キライだから遊ばないんじゃない今はやりたいことがあるとわかるいい方だね

子どもの素直な言葉の真中に届くことあります

なるほど〜へぇ〜と思うことが毎回あります

良い答えを出すのが目的ではありません。一緒に悩む、真剣に考える、それが伝われば寄り添うことになります。みんなで「難しいねえ、どうしたらホッとしてもらえるのかな」と考える時間が大切です。

今までに子どもたちからもらったすてきなアドバイスを紹介します。良い答え、良いアドバイスが目的ではありません。そうは言っても、子どもたちの発想の柔らかさ、素直さにハッとさせられることがたくさんあります。そんな、寄り添ってもらった感じがじんわり伝わるアドバイスです。

⑤ 外で遊ばないで、本を読んだり絵を描いたりしているほうが好き。だめなの？

カウンセラーからのアドバイス

私だったら本を読んだり絵を書いたりするけどもし友達に「外で遊ぼう」って言われたら遊びに行くよ！
本を読んだり絵を書いたりするのはいいと思うよ！

アドバイスのポイントは
- まじめに
- 安心する
- うれしい
- 私は〜だよ
- 自分が言われたら

⑨ なんでもすぐに飽きちゃって続かない。

カウンセラーからのアドバイス

あきないようにとりくんでいる事のあとに自分にごほうびをあげたりするときどうつづっくしあきてしまうような事を自分で楽しいように変えてみたりしたらいいと思います。
小さな事からどんどん大きな事へチャレンジしていけばいいと思います

アドバイスのポイントは
- まじめに
- 安心する
- うれしい
- 私は〜だよ
- 自分が言われたら

⑩ いけないとわかっていても、まちがえたり失敗したともだちをからかってしまう。

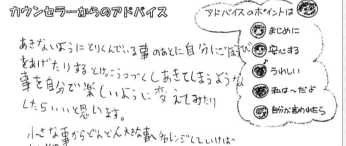

カウンセラーからのアドバイス

私だったら、まずはおちついて、ばかにしちゃったら、あとからあやまたらいいと思うよ(^^)
それからあやまったあと、「いけないってわかっているけどついばかにしたりからかてしまうんだ」と言えば、友達も分かってくれると思うよ(^^)

アドバイスのポイントは
- まじめに
- 安心する
- うれしい
- 私は〜だよ
- 自分が言われたら

⑰ 親が兄・弟・姉・妹ばかりかわいがって、自分ばかりしかられる。

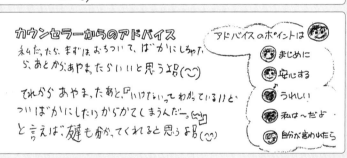

カウンセラーからのアドバイス

それでは、こういうのはどうだろう？
自分は兄弟をかわいがりをして親に兄弟へのやさしさをアピールしてやろう。
そうすればしかられないだろう。

アドバイスのポイントは
- まじめに
- 安心する
- うれしい

そういえば、凹んでいるときに、それを察したような、子どもの一言で救われた経験が何度もあります。子どもの言葉は、大人の胸にストレートに届くように思います。

146

心シリーズ⑨
心ゆるめてストレス解消

心シリーズの最終回です。心のトレーニングは、新しい脳をきたえるトレーニングでしたね。新しい脳をたくさん使って、悩んで考えて困って、新しい脳が学習し、心がふわっと育ちました。頑張った分、ストレスもかかったはずです。トレーニングの後は、きたえた新しい脳や心をゆるめてあげましょう。

ストレスってなんだろう？

❶ 小学校低学年でも「ストレスのせいだ」などと言います。大人が日常的に使うので、なんとなく感覚でとらえているようです。思春期のイライラが『心の成長痛』なら、ストレスは『心のゆがみ』です。どういうときに『ゆがみ』が起きるのでしょうか。いつもと違うことや嫌なこと、辛いこと、または楽しくて興奮しすぎることが起きると、心が刺激を受け、ゆさぶられて『ゆがみ』が生まれます。これがストレスです。

❷ 同じことが起きても、『ゆがみ』が生まれるかどうか、また度合いは人によって違います。例えば、信号が変わるかな？と思ったときに「変わる前に渡りたい！」と走り出す人もいれば「どうせ変わるなら、ゆっくり歩いて次の信号で渡ろう」とスピードを落とす人もいます。授業中、先生に指名されたとき、正解がわかっているのに緊張してしまう人もいれば、正解がわかっていなくても堂々と答えられる人もいます。つまり、人それぞれということです。『自分と同じ』ではないことが多い、感じ方が『自分とは違うかも』と思うのが大事なポイントです。

❸ 心とからだに良いストレスがあるのを知っていますか？　運動会の徒競走でスタートラインに立つと緊張します。「よーい、バンッ！」緊張のピークです。この緊張ストレスは「よし、頑張るぞ！」という気合に変わり、筋肉に伝わり、走る力が強くなります。合唱祭などで歌い出す前、会場がシーンとなり空気がピーンと張りつめます。第一声がちゃんと出るかな、と不安になりドキドキします。このドキドキは人によって強い・弱いはありますが、「ああ、隣の人も指揮者もピアノの人もドキドキしているなあ」と感じ取れます。ドキドキを共有し、気持ちが一つにまとまり、きれいなハーモニーにつながります。

> ＊ぱすてる書房『心ははればれ　元気なからだ』の内容をオイカワフィルターに通しました。

ミニネタ No.33

心シリーズ⑨

～心ゆるめてストレス解消～

@心をふわっと育てるために、新しい脳を困らせたり悩ませたり、たくさんきたえて疲れたかな。
　それでは、疲れた新しい脳や心をゆるゆるっとしましょう。ストレス解消です！

	働きかけと流れ
導入 1分	ストレスってなに？ よく聞くし、なんとなくわかるような気はするけど、その正体は？ ＊前ページのオイカワ吹き出し❶を、指導する児童生徒の発達段階に合わせて話す。
展開❶ 4分	この場所で、今すぐに、全員一緒にできる、心とからだの興奮・ゆがみがゆるゆるっとなるストレス解消法を紹介するよ。なんだと思う〜？ ジャーン、ゆったり呼吸です！ （ジャーンで少し間をためて、ひっぱってからもったいつけてめくるのがミソ） では、椅子に座ってできるゆったり呼吸をみんなでやってみよう！ ①姿勢を整え、静かに目を閉じます。手は軽くおなかに当てましょう。鼻から静かに1、2、3、4と息を吸って、ゆっくりとめます。 ②5、6、7、8、9、10で口から息をゆっくりと吐きます。少し続けてみましょう。 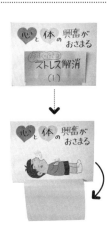
展開❷ 3分	次はなんと、心とからだの興奮・ゆがみをゆるゆるっとさせて血圧が下がり、便秘も良くなり、よく眠れるようになり、心臓病のリスクが減って、なんと、がん細胞をやっつける力がアップするんだ！すごすぎる!! もちろん、この場所で、今すぐに全員一緒にできるんだ。いったいどんな方法だと思う〜？ ジャーン、答えは『笑う』です！ さあ、みんなで大きな口を開けて元気に笑うよ！　あはは、あはは！ ＊笑っている友だちを見ておかしくなったり、無理して笑っている自分がおかしくなったり、結構笑えます。
まとめ 1分	＊前ページのオイカワ吹き出し❷と❸を、指導する児童生徒の発達段階に合わせて話し、まとめとする。

148

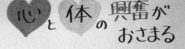

この場所で今すぐに、全員一緒にできると聞いて「そんなことできるのかな?」と思うはず。その期待をいい意味で裏切るから子どもたちが食いつくし、喜ぶのです。逆は、どちらが正しいですか? と明らかに答えがわかるようなクイズです。興味↓になってしまいます。

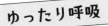

ゆったり呼吸

本当は腹式呼吸と言いたいところですが、正確な腹式呼吸は結構難しいのです。ゆるゆるなので、おなかの膨みやへこむ様子を両手に感じる程度で、ちょうどいいです。教材の絵では、横になっていますが、教室では、椅子に座って行います。

①ゆったりと椅子に座り、心を落ち着けて目を閉じます。両手を軽くおなかの上におきましょう。鼻から静かにゆっくり息をおなかに吸いこみます。1、2、3、4、ここでいったんとめます。このときおなかが少し膨らんだのを感じましょう。

②次は、5、6、7、8、9、10とゆっくり口から息を吐き出します。少しずつゆっくり吐き出さないとすぐに終わってしまいます。今度はおなかが少しへこんでいくのを感じましょう。

1　1・2・3・4 stop

2　5・6・7・8・9・10

いろいろなリラクゼーション方法があります。やりやすいモノで教材化することをおすすめします。中学生以上では、吹奏楽部など腹式呼吸を叩き込まれています。生徒に前に出てもらいモデルでやってもらうのもいいですね。オイカワは胃痛・腹痛・吐き気などのとき、腹式呼吸をすると和らぎます。根拠はよくわかりませんが、経験談で話します。

同じような教材を続けて見せる場合は、1つ目より2つ目、2つ目より3つ目とレベルアップさせないと効果が薄くなります。今回も2つ目はグンとレベルアップしています。
なにしろ、もちろん、この場所で、今すぐに全員一緒にできて、その上、心とからだの興奮・ゆがみをゆるゆるっとさせて、血圧が下がり、便秘も良くなり、よく眠れるようになり、心臓病のリスクが減って、なんと、がん細胞をやっつける力がアップする！ すごすぎる!! あおるだけあおって、もったいつけてめくりましょう。爆笑が起こるはずです。

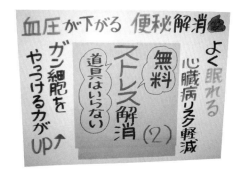

答えは『笑う』

めくりの裏には「笑いヨガ」の記事を載せています。笑うことは健康の源、という人もいます。笑う健康法を調べるとたくさん出てきます。発達段階を考えて、使いやすいモノ、興味をひきそうなモノを選んで教材化することをおすすめします。

お酒・たばこ・薬物乱用シリーズ

MINI-NETA hoken-kyoiku!!

オイカワ流 Part 3

保健教育

イラスト：オイカワヒロコ

お酒・たばこ・薬物乱用シリーズとは

　小中高の保健領域で扱われる分野です。教科書的でない、指導書の事例にはない、目の前の子どもたち目線でオイカワが作るとこうなりました。ちょっと切り口を変えた指導をしてみたいと思う方におすすめです。

　煙に消えたお金、ノンアルコール飲料問題、ニコチンレスの電子たばこ問題、子どもたちと語り合ってほしいです。薬局で誰でも手に入れることができる市販薬での薬物中毒も、子どもたちにとって衝撃です。「薬物に手を出す人が悪い、ハイおしまい」ではない、背景や今の世の中の状況、小学生でも一生懸命考えます。新鮮な意見をたくさんくれます。中学・高校だとリアルな課題として語り合えるのではないでしょうか。

　そしてその臨場感あふれる様子をほけんだよりにして保護者に流してほしいです。

ミニネタ No.34

お酒・たばこ・薬物シリーズ①
意外と身近なお酒

今回から3回、小・中・高どの校種でも使える鉄板ネタです。ある年度、6年生3人の担任が「体育」「図工」「社会」の授業交換をし、1人が3クラスの体育をみていました。体育担当から注文が入り、3クラス×3時間＝9時間の保健教育を教室に出前しました。そのときに6年生保健の授業で実施した「お酒・たばこ・薬物」をミニネタに加工してお届けします。保健の授業の様子もあわせてご紹介していきます。授業には地域の保健活動も含まれています。

音楽や図工など専門の知識や免許のある教員が専科教員として加配になる地域もあるそうですが、オイカワの地域は定数内の教員ができそうな教科を専科として担当、あとは学年で授業交換をして乗り切ります。この6年生は、担任3人で学年全体を育てることをねらい授業交換をしていました。

体育担当1人との打ち合わせで3クラス分を一括調整、すごく楽でした。3クラス別々だと、放課後など職員室で各担任をつかまえ、時間を作ってもらい、打ち合わせするのは気疲れします。ここで心が折れそうになることもあります。オイカワだってそうなので、控え目な性格の方にはハードルが高いですよね、わかります！

保健の授業3時間の計画

初声小6学年保健

たばこ・お酒・薬物の害＋地域の保健活動

2019、2学期　3クラス実施（石川T・及川）

単元のねらい（指導要領より）
・喫煙、飲酒、薬物乱用などの行為は、健康を損なう原因となることを理解させる。
・地域では、健康に関わるさまざまな活動が行われていることを理解させる。

3時間のねらい
・たばこもお酒も薬物（鎮痛剤や下剤など依存事例のあるもの）も、特別なものではなく日常生活の中で身近に存在し、どのように判断し、対応するかは自分次第であることに気づく。たばこ、お酒、薬物ともに1回摂取してすぐに死亡するような毒ではない。本当の怖さはその依存性にあり、依存性が原因で様々な事件、事故へと発展していることも知る。
・いろいろな場面で、たばこやお酒の誘いが忍び寄る現代。どのように対応するかは、その場で自己判断を求められる。いくつかの場面を想定し、自分なりの断り方を考える。
・地域の中に、自分や家族の健康を守る施設や活動がある。どのような施設や活動があるか、考えてみよう、そして賢く有効に利用しよう。

授業展開

	学習活動	支援・教材・留意点		実施記録	
1	① 身近にあるお酒 ② お酒の正体	・お酒が身近にあることを知る （ワークシート1表） ・お酒に酔うということ ・二日酔いってんだ		6−1　10/21 6−2　10/18 6−3　10/21	
2	① たばこの正体 ② 薬物の正体	・たばこの害 ・薬物の害 ・依存症という病気	ワークシート1裏	6−1　10/29 6−2　10/29 6−3　10/29	
3	① NOと言えるかな…? ② 地域の保健活動	・身近にありそうな場面での誘いにどう対応するか（ワークシート2表） ・まとめと振り返り（ワークシート2裏）		6−1　11/18 6−2　11/19 6−3　11/21	

評価
・2枚のワークシート表裏への記入から、以下の点で評価する。
① 喫煙、飲酒、薬物乱用などの行為は、健康を損なう原因となることを理解できた。
② たばこもお酒も薬物も、身近に存在し、誘いに対し、その場で判断を求められることを理解できた。
③ たばこ、お酒、薬物の正体を知り、その知識をもとに、いくつかの場面で、自分なりの断り方を考えられた。
④ 地域では、健康に関わるさまざまな活動が行われていることを理解できた。

お酒・たばこ・薬物シリーズ①

～意外と身近なお酒～

@お酒に甘い日本人。神事だ、季節の行事だと言いつつ、うっかりすると子どもにもお酒をふるまってきた
時代がある（今は違うはず…？）。お酒がどれほど身近にあるのか、クラスの様子を総合すると見えてきます。
＊資料のワークシートを拡大し、貼りだせるように準備する。できない場合は、文字だけ板書して進める。

働きかけと流れ	
導入 1分	日本はとってもお酒に甘い国。「お正月の儀式だからお屠蘇はいいんだよ」「お祭りだ、お神酒だから一口だけ」「ひな祭り」「合格祝い」行事のたびに、悪気なく子どもにもお酒をふるまうような習慣があります。さてさて、では、お酒がどれほど身近にあるのか見てみましょう。
展開❶ 5分	＊ワークシートにそって質問し、挙手で人数を把握し記入していく。質問の度に「え～！」「マジで？」と盛り上がることまちがいなし。 ①今までにお酒を飲んだことがある人、なめるだけやまちがえて飲んだのも飲んだになるよ。 →「ある」に〇人と書く（結構いるねえ～、など子どもの心の声を代弁する）。 ②あると手を挙げた人の中で何かとまちがえてお酒を飲んでしまった人？ →「まちがえて飲んだ」に〇人と書く。＊数人に何とまちがえて飲んだのか聞いてみる。 ③大人にすすめられて飲んでしまった人？ →「すすめられて飲んだ」に〇人と書く。＊数人に、誰にどんなふうにすすめられたのか聞いてみる。 ④自分から飲んじゃった人？ →「自分から飲んだ」に〇人と書く。＊数人になぜ飲みたくなったのか、何を飲んだのか聞いてみる（大人が美味しそうに飲むし、楽しそうだから飲みたくなったという子どもが多い）。 未成年、20歳未満の人は、お酒を飲んではいけないという法律があるのに、日本はお酒に甘いというのは本当でしたね。お酒が身近にあることが、よくわかりました。
展開❷ 3分	大人がお酒を飲んで楽しそうにしているという声がありましたが、それはお酒に酔っている姿です。お酒に酔うって、いったいどこで何が起きているのでしょうか？ その正体は？ ①大脳の働きが低下する：理性やルールで行動をコントロールしている新しい脳の働きが弱まって、解放感を感じる。楽しそうに見えるのはこのことだね。 ②小脳の働きが低下する：平衡感覚などを保っていた小脳の働きが弱まって足がフラフラしたり、ろれつが回らなくなったりする。ザ・酔っ払いの状態だ。 ③脳幹の働きが低下する：呼吸や心拍を担当していた脳幹が機能を止めると…。残念なことに毎年急性アルコール中毒による死者が出ているんだよ。 お酒に酔う、それは脳が働かなくなることです。大人は経験から自分のからだの変化を知っていて「楽しいお酒はこのくらいでやめておこう」と判断しています。 大脳　脳幹　小脳
まとめ 1分	身近にあるお酒。気軽に手が届いてしまうお酒。子どもがまちがえて飲んでしまうような環境にあるお酒。だからこそ、お酒の正体を知り、なぜ20歳まで飲んではいけないという法律があるのか、考えてほしいです。

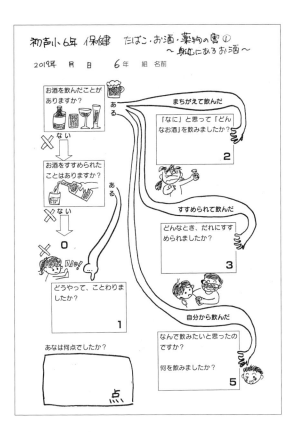

ワークシートと各組の記入

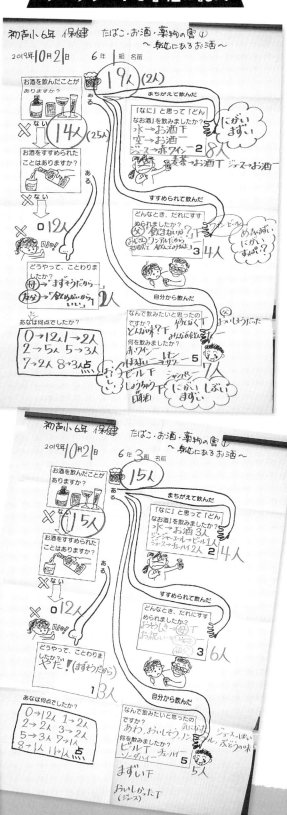

いきなり「今までにお酒を飲んだことがある人?」と挙手を求めても正直に手を挙げていいのか、まちがえて飲んだのも含むのか、子どもたちは迷って困ってキョロキョロと周囲の様子をうかがうしかありません。このワークシートが黒板に貼ってあると「正直に答えていいんだ!」と安心してくれます。

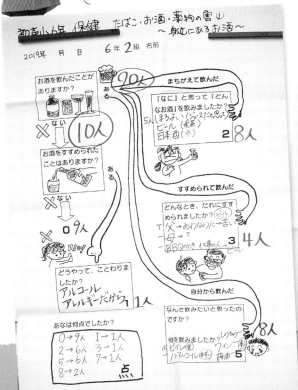

ほけんだより 12月

この年は12月に上記ほけんだよりを配り、新学期早々にこのアンケートを83人にやってみました。

①ハイ…13人　④イイエ…5人

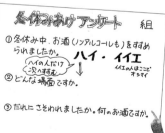

ああ、やっぱり誘う大人がいる。そして6年生には断り切れない現状がある。断れた8人に拍手！　正直に答えてくれた6年生に大きな拍手！

6年生3クラス90人にこの授業を行いました。クリスマスや年末年始に間に合わせます。大人を変えるのは難しいけれど、子どもたちが正しい知識と判断力を身につければ、ずっと役に立ちます。

お酒・たばこ・薬物シリーズ②
煙に消えたお金

今回はたばこがメインです。たばこは病気と関連づけたり、どうしても健康被害の部分がクローズアップされます。そこで、違う角度から迫ったオイカワ流の教材をご紹介します。みなさんも身近な「生教材（?）」を使って簡単にこの教材を作ることができます。人間関係の良い生教材をおすすめします。険悪になってしまうと修復に時間とエネルギーを使ってしまいますからね (^_-)

担任を教材に（笑）

担任を教材に仕立てました。もちろん、ナイショで。当時は職員会議中に堂々とたばこを吸っていました。なので、担任が吸っているたばこもよく知っていましたし、空き箱をゴミ入れにポイとした後にこっそり拾って教材に使いました。たばこの値段や税率は当時のものです。作る方は、現在の税率や値段を調べ、最新の教材を作ってくださいね。

A先生の場合

\ めくりを開くと… /

この教材を教室で貼り出した瞬間の緊張感はタマリマセンでした。上にも書きましたが、担任との人間関係がよろしかったので「まいったなあ〜、やられた〜（苦笑）」で終了。イニシャルにしてありますが、あまりにそっくりで誰かわかってしまいます。A先生、T先生、ありがとうございました！

T先生の場合

クラスの子どもたちは、先生の子どもだったら「無駄遣いしないで！ その分お小遣いでちょうだい！」と訴えると言いました。担任は、教材をマジマジと見てため息。「たばこをやめろ！」とは言いません。本人に気づきが起これればそれでヨシとします。目的は担任ではなく、子どもたちにたばこの百害にはこんな側面もあると知ってもらうことですから。

\ めくりを開くと… /

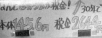

お酒・たばこ・薬物シリーズ②

～煙に消えたお金～

@たばこは百害あって一利なし、と言われています。本当は百以上の害があります。意外と意識されていないけれど、こんな害もあるのです。

	働きかけと流れ
導入 1分	たばこを吸う本人が吸い込む主流煙、たばこの先からふわふわと空気中に広がり周囲の人が吸ってしまう副流煙。どちらの煙も、たくさんの有害なものを含んでいます。実は…たばこの煙は大切なものを消してしまうこわい力も持っているのです。そのダークスモークパワーとは…。＊怪談風に声のトーンを落として。
展開❶ 3分	今日はダークスモークパワーで大切なものを消されてしまった人の実態に迫ります。まず1人目はAさんです。Aさんは1箱300円のたばこを、1日1箱、35年間吸っています。1万2775日になります。 ①35年間でいったいいくらたばこに使ったのでしょう。 →（めくる）380万2500円！（子どもからは悲鳴のような声が上がるはず）結構いい車が買えてしまいますね。 ②物を買うと税金がかかります。消しゴムやノートを買うと、小学生でも消費税を払っていますね。たばこはなぜか税金が64％もかかります。だから…、 →（めくる）383万2500円のうち、なんと税金が245万2800円にもなるのです！
展開❷ 5分	2人目はTさんです。Tさんは1箱410円のたばこを、1日1箱、30年間吸っています。1万950箱を吸って煙に消しました。 ①30年間でいったい、いくらのお金を煙に消してしまったのでしょう。 →（めくる）448万9500円！（子どもからは悲鳴のような声が上がるはず）Aさんよりも高級な車が買えてしまいますね。 ②ということは、税金もAさんよりたくさん払っているはず…。 →（めくる）287万3280円ですって！ 同じようにお金で買った、お米やお肉、お魚、お野菜、いろいろな物をみんなは食べています。違うのは、食べ物はみんなのからだを成長させ、丈夫にしてくれます。たばこの煙はどうですか？　からだに何か役に立ちますか？　良くないことはいっぱいしてくれます。お米5kgをだいたい2500円とします。スーパーでお米売り場に並んでいる5kg袋、想像できますね。Aさんはお米1533袋分を煙に消してしまいました。Tさんはお米1795袋分を煙に消してしまいました。ああ～、もったいないです。 （がっかりする） ＊教材になってくれた生教材さんを責めないこと。生教材さんは被害者です。「もったいなかったねえ～。悔しいねえ～」と後悔の念に共感してあげましょう。その態度を見て、子どもたちも責めるのではなく「先生（Aさん、Tさん）かわいそう、たばこをやめられるといいね」という態度になります。喫煙している保護者に対しても同様。責められると大人は辛いし、親だとカッとなって怒ってしまうこともあります。共感されると切なくなり、こっちのほうが効果的なのです。北風より太陽ですね。
まとめ 1分	たばこの害と言えば肺がんや心臓病など、こわい病気を思い浮かべますが、それだけではなく、大切なお金も煙に消してしまうということがわかりました。たばこの誘惑がみなさんに近づいたとき、大切なお金は煙に消さず、自分のために使いたいな、と思い出してくれると嬉しいです。

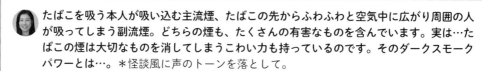

保健教育のはじめにこのワークシートを配り、お酒・たばこ・薬物の欄の真ん中あたりに線を引かせました。上に今自分が知っていることなどを書いてもらいました。薬物の部分では、ちょうど芸能人が次々薬物で逮捕されていた時期だったので、そのことが多く書かれていました。下には授業を終えてから、授業でわかったこと、新しく知ったことなどを書いてもらいます。子どもたちの意識の変容がわかります。また、授業がどこまで子どもに落ちたのか、自分への評価にもなります。

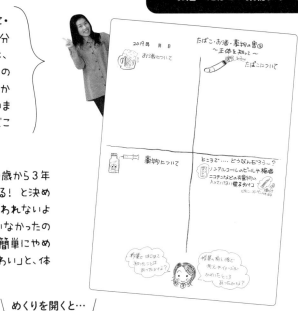

この教材は新採用の先生で作りました。彼は20歳から3年間たばこを吸っていましたが、小学校の教員になる! と決めてから禁煙したそうです。「先生、たばこ臭い」と言われないように決心したそうです。「たった3年間しか吸っていなかったのに、禁煙はものすごく大変で辛かった。いつでも簡単にやめられると思っていたのに、まるで違った。たばこはこわい」と、体験談を語ってくれました。

\ めくりを開くと… /

6年生でこの教材で、賛成派 vs. 反対派に分かれて話し合い形式の授業をやりました。でも、さすがに難しかった。その後、中学校に貸し出して使ってもらいました。

治療にお金をかける前に予防でしょう。なぜ国がたばこを作って売っているの? 国が売って儲けて国民が保険で負担をするのはおかしい。簡単に買える自動販売機が多すぎる。他国はもっと厳しい規制がある。

こちらは反対意見です。勝手にたばこを吸い始めて、禁煙の努力もしないで、なぜ非喫煙者の自分たちが、その人の治療費を保険で負担しなくてはいけないのか。

などなど、ちょっと難しいけれど社会問題を投げかけます。最後は「君はどうする?」です。

こちらは賛成意見です。たばこは依存症であり病気。ちゃんと治療して禁煙する人が増えれば、長期で考えると全員で支える負担が減る。

これは高学年、中高生向け教材です。禁煙外来は保険がききます。そこに着目しています。

健康保険の財源は皆が負担している、ということなど説明しておきます。子どもたちが考えやすくなるように項目立てをします。

T先生は今は校長ですが、まだ喫煙者らしいです。A先生はこの授業の数年後に禁煙しました。やめた人、やめていない人、この分かれ道でどれだけ新たにお金が煙に消えたのかという教材を作ったら面白いだろうなあ、と思います。人間関係の良い生教材がいる方はぜひこの教材を作ってみてください！ そして生教材さんは被害者ですので、そこのところはヨロシクです。

お酒・たばこ・薬物シリーズ③

うまく断れるかな

今回はお酒やたばこ、その誘いをどうやって上手にすり抜けるか、という内容です。人から頼まれると断れないオイカワなので、断りにくい子どもたちの気持ちがよくわかります。

指導書付録のワークシートでは、あまりにストレートな誘い方と優等生的な断り方が載っていることが多いです。でも、子どもたちから聞く実態は、もっと生活に密着した場面で、とっても断りにくいのです。断りにくさの一番は「その場の空気をこわしちゃ悪いから」という子どもなりの配慮です。

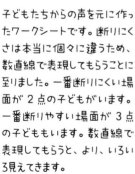

子どもたちからの声を元に作ったワークシートです。断りにくさは本当に個々に違うため、数直線で表現してもらうことに至りました。一番断りにくい場面が2点の子どもがいます。一番断りやすい場面が3点の子どももいます。数直線で表現してもらうと、より、いろいろ見えてきます。

使用するワークシート

たばこ・お酒・薬物の害③
〜うまく ことわれるかな?〜

年　月　日　　　年　組　名前

（1）お正月、お祭り、お祝い事などでたくさん人が集まっています。ふだんからお世話になっている大人からお酒をすすめられたら、なんと言ってことわりますか？

ジュースと同じだ、ひと口くらい どうだね〜

ことわりやすい ⇐⇒ ことわりにくい
1　　　2　　　3　　　4　　　5

（2）いとこのお兄さん、お姉さんなど、ちょっとあこがれている年上の人からたばこをすすめられたら、なんと言ってことわりますか？

1回だけなら 中毒にならないし、ちょ〜っとだけネ

このことは 親にはナイショね

ことわりやすい ⇐⇒ ことわりにくい
1　　　2　　　3　　　4　　　5

（3）友だち、部活の先輩などグループでいるときに、お酒やたばこを誘われたらなんと言ってことわりますか？

このメンバーだけのヒミツってことで、みんなで ちょっとだけ…

ことわりやすい ⇐⇒ ことわりにくい
1　　　2　　　3　　　4　　　5

ミニネタ No.36

お酒・たばこ・薬物シリーズ③

〜うまく断れるかな〜

＠大人って困ったもので、自分がいい気分になると「飲んでみろ」とか「吸ってみろ」とか、軽く冗談で言ったりします。友だち同士でちょっとしたヒミツを持ってみよう、なんてこともあるかもしれません。さあ、困った！　どうしましょう⁉　＊ワークシートを使用する形です。前ページからコピーしてください。

	働きかけと流れ
導入 1分	「あるある」という3つの誘惑場面があります。まず、3つをよく見て、自分がその場面にいることをイメージしましょう。どれも面倒でいやですね。
	数直線の説明をします。1は簡単にイヤといえるレベル。逆に5は断れないかも…というレベル。断りにくさを数直線上に書き込みます。2と3の中間かな、と思ったら2.4とか2.7とか、思った通りの場所に○を書きます。あまり悩まず、直感でやったほうがいいですよ。
展開❶ 4分	それでは、3つの場面の断りにくさを数直線上に書き込んでください。
	次に、それぞれの場面をどうやってすり抜けるか、難しいかもしれませんが、考えてみましょう。考えやすい場面から書いていきましょう。
展開❷ 4分	＊クラス全体の様子を共有し、他の人のアイデアを取り入れるために情報交換をします。
	断りにくい順位はどうでしたか？（1）お正月が一番断りにくかった人？（2）憧れのお兄さん・お姉さんの誘いが一番断りにくかった人？（3）友だちや先輩などグループでの誘いが一番断りにくかった人？
	（挙手で全体の様子を見られるようにする）人によって断りにくい順位が違うものですね。
	席が近い人とワークシートを見せ合って、どんな断り方やすり抜け方をしたのか、情報交換をしましょう。
	『そのアイデアいいな』、と思ったものは取り入れて、自分の答えに書き加えたり書き換えたりしましょう。
まとめ 1分	いつどこで、どんな誘惑がみんなを困らせるか、わかりません。今日はそのためのトレーニングでした。しないよりはしたほうがいい！　きっと役に立つ！　そう信じています。

たとえば、サッカークラブの試合後のBBQでコーチにお酒をすすめられた。断るとせっかく楽しい場の空気がドヨーンとなってしまう…。それに自分が断ると別の子に矛先が向くから…とか。

親戚のおじさんは、酔うとすぐにお酒をすすめてくるけれど、断ると怒り出してみんなが困っちゃうから、飲んだふりをして「げ〜、まずい！」と大げさにするとご機嫌になる。周囲の大人もホッとするんだ、とか。

葬儀の時「お前を誰よりも可愛がっていたおじいちゃんの献杯だ。なめるだけでいいから口を付けて供養してやれ」と父親が泣いていたとか…。「未成年ですから飲めません！」とピシャリと言うのが本当に正解でしょうか、という場面が子どもたちの生活にはあるのです。

表

裏

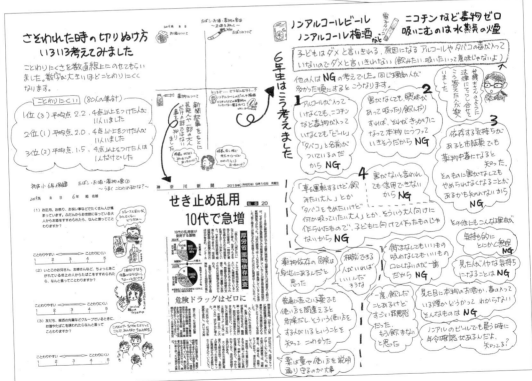

30年近く前からやってます。
ノンアルコールビールや電子たばこが話題にあがるなんて、この授業を始め
たころには想像もつきませんでした。基本線はずっとそのままですが、時代に
合わせて、授業の流れがずいぶん変化していることに気づかされました。

地域の保健活動、10分で丸々伝える ㊙テクニック披露（＾＿＾)/

地域での様々な保健活動をどうしたらコンパクトに教えられるかな～、思いついたのが市の広報誌利用です。どこの区市町村でも、市民生活に欠かせない情報を毎月広報誌でお知らせしてくれているはずです。

①全頁をコピーして1枚につなげる。
②健康診断や健康教室など、直接健康に関わる記事はピンクで塗る。
③カラオケ大会・ゲートボール大会など心の健康度・健康志向アップにつながる記事はグリーンで塗る。

さて、困ったのは、直接ではないけれど、よくよく考えると市民の健康に関係するような記事。例えば『空き家対策』。空き家を放置すると害虫やネズミなどが増え、近隣に被害が出ることがある。また、空き家が老朽化して台風で屋根が飛んできたり、いたずらで入り込み、火事でも出されたら近隣の方々の命にも関わる。だから、空き家対策もグリーンで決定。誰かの健康を守るような活動はみんなグリーンだ！

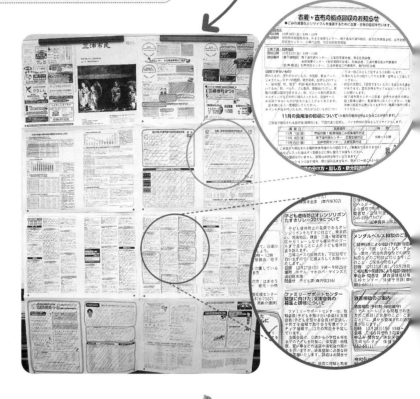

全頁を1枚につなげたものを見るとピンクとグリーンでいっぱい！ 子どもたちに見せて、気になる記事を選んでもらい、どんなふうに健康とつながっているか説明をしました。子どもたちは、市の広報誌から「地域には市民の健康を守ったり、健康度アップにつながる活動がいっぱいある」と納得しました。5～10分で完了です。

MINI-NETA hoken-kyoiku!!

オイカワ流 Part 3

保健教育

ミニネタ

イラスト：オイカワヒロコ

もれネタシリーズ

もれネタシリーズとは

　オイカワの授業ネタは p.10 にあるようなジャンル分けで構成されています。
そこから、各シリーズに合わせ分解合成してミニネタに加工しました。その結果、
シリーズ加工からもれてしまったネタが出てしまいました。そのネタたちも紙面
に登場させようではないかという、敗者復活みたいなシリーズです。どれも鉄板
中の鉄板ネタです。長年苦労をともにし、たくさんの子どもたちの目をキラキラ
にさせて身を乗り出させてくれたネタたちです。どこからどうやって手をつけた
らいいのかなあ、とお悩みの方におすすめできます。

もれネタシリーズ①
大人気、ウンチ教材

「もれネタ?」「ウンチ?」自分で読んで苦笑いしてしまいました。そういう意味ではありません。赤ちゃんシリーズ、思春期シリーズ、心シリーズ、お酒・たばこ・薬物シリーズから、もれてしまった人気ネタを『もれネタシリーズ』と呼び、このあと数回ご紹介していきます。小学校での実践ネタではありますが、中学生や高校生でも楽しめるはずです。受験勉強・アルバイトなどで、生活リズムや食事が不規則になりがちな中高生のほうが、気持ちよく排便できていない人は多いかもしれません。どうぞ、みなさんの校種に合わせてアレンジして試してください。

ウンチでわかる生活リズム

保健教育では、どの学年でも人気のネタです。子どもたちにとって非常に身近で、教員も子どもと同じ土俵で語り合えるのが超メリットです。「3日も出ないと苦しいよね」「急に差し込むように痛くて、その後、下痢って経験ある?」「便意がきたタイミングですっとトイレに行けて、立派なバナナウンチが出たときって気分爽快だよね!」こんな会話は小学生と大人の壁がなく共感しまくりです。
保健学習では3年生の「毎日の生活と健康」で扱います。

ウンチくんとTTで進めている授業

ウンチのぬいぐるみ

教材が身近なだけに子どもたちの反応がダイレクトで、とても楽しい授業になります。この授業の後、便秘の相談を受けることがよくあります。ちょっと重症な場合は校医さんにつなげたり、学校薬剤師さんに相談したりしました。

もれネタシリーズ①

～大人気、ウンチ教材～

@早寝、早起き、朝ご飯、そしてすっきりウンチ！ 生活の中で当たり前になっているウンチ。実は健康状態がわかる大事なものなんだ。ウンチの謎と大切さを勉強するぞ。

	働きかけと流れ
導入 1分	今日はみんなが<u>大好きなウンチ</u>の勉強をします。（下線部への過剰な反応で、「わ～、きゃ～！」となります。そこがツカミです。ひるまずに押しますよ～） この反応はよっぽどウンチが大好きなんだね。これから<u>大好きなウンチの謎</u>にせまっていきましょう。
展開❶ 4分	【第1問】ウンチは何でできている？ ・「近くの人と相談していいよ」と、ワイワイしてもいいので意見交換させる。 ・数人に答えてもらい、予想を話し合い、答え合わせをする。 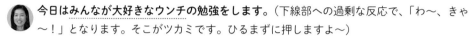 【第2問】白いご飯、赤いトマト、いろんな色の物を食べるのに、ウンチはいつも同じような茶色。あの色はどうしてなの？ ・「近くの人と相談していいよ」と、ワイワイしてもいいので意見交換させる。 ・数人に答えてもらい、予想を話し合い、答え合わせをする。 実はいろいろな色のウンチもあるんだ。危険な色は覚えておこう。
展開❷ 4分	【第3問】理想のウンチはつるんと出てすっきり気分爽快になるウンチ。色は？ においは？ 量は？ 水に浮くor沈む？ （「ええええ～、(;´∀`)そんなこと～」、という反応が予想できるが、ひるまず真面目な顔で押します！）  ・ウンチから腸の健康状態がわかる。食生活の乱れた20歳の腸年齢は45歳!? くさいウンチは有毒ガスのせい？ これからは自分の健康チェックを自分のウンチでしてみよう。
まとめ 1分	ウンチは汚い？ 見たくない？ とんでもない！ からだからの『大切なお便り』だということがわかったね。病院へ行かなくても、検査しなくても、流す前に自分のウンチをちょっとチェックするだけで、健康状態や腸内環境がわかっちゃう。すごいねえ～！流す前にちょっと見るだけでOK。さあ、今日からはウンチが出たら健康チェックだ！

ウンチは何でできている？

口から入った食べ物は、食道を通り、胃に入って胃液をかけられて、おかゆのように軟らかくとかされます。そして十二指腸を通って、小腸というところで栄養分が取り入れられます。次に大腸で水分が取り入れられます。栄養分と水分がなくなった残りがウンチのもとになります。ウンチの構成を見てみましょう。75％が残った水分。25％がおなかの中に住む腸内細菌やその死骸です。

ウンチの色は何でできている？

ウンチの色の秘密は十二指腸にあります。ここを通るときに肝臓で作られる胆汁という液体がかけられます。この胆汁の色に染まってウンチの色になります。あとは食べたものや量、体調によって多少色が変わってきます。海苔をたくさん食べると黒っぽいウンチになったり、トウモロコシなどがそのまま入っていたり、観察するとよくわかります。みんな健康なウンチです。それっぽい色の色画用紙を切り抜いてぺたぺた貼っただけです。あとは健康なウンチなので笑顔を描きました。

危険な色のウンチ

理想のウンチは？

よいウンチを作るよい腸内細菌を増やす食べ物は、ヨーグルト・さつまいも・ほうれん草・ピーナツ・リンゴ・枝豆などが代表的です。「浮くときと沈むときがあるけど、どっちがいいの？」と質問され、子どもの観察眼にほれぼれしました。その質問から作った教材です。

赤いウンチ、白いウンチ、（海苔もたくさん食べていないのに）黒いウンチが出たら、危険な病気かもしれません。流す前に大人の人に見てもらいましょう。
赤、白、黒の色画用紙を切り抜いて貼り、危険なイメージが伝わる表情を描きました。

色：茶色っぽい
量：1日1〜2回、バナナ1〜3本くらい
におい：そんなにくさくない
重さ：便器に落ちた後、ゆっくり沈む

いろいろな硬さのウンチ

観察するときは、ウンチの硬さも見てみましょう。いつも見ていると「あれ、いつもと違うな」と気がつくようになります。コロコロ・カチカチウンチがぽろぽろ出るのは、野菜を食べる量が少なかったり、トイレに行くタイミングがうまくいかず、長く大腸にとどまってしまった場合などです。軟らかい絵の具ウンチ・ドロドロウンチが出るのは、水分を取り過ぎたり、冷たいものを取り過ぎたりしたときに多いです。おなかの風邪でもなります。バナナウンチは、硬さもほどよく、つるんと出ます。あまりにおいもしません。出した瞬間、爽快で、すっきりいい気分ですよね！　これも、それっぽい色の色画用紙を切り抜いてぺたぺた貼っただけです。

ウンチは腸からのお便り

こんな研究をしている有名な先生がいます。なんと、いろいろな人のウンチをクール宅急便で送ってもらい分析しているのです。そこからわかったことは…。記事を読んで聞かせます。

便秘のおなかの中は

がでないと……

快適ウンチ生活は1日1～2回、自然とウンチがしたくなります。何かの理由でこのウンチが出ずにおなかにたまってしまうことを「便秘」と言います。ウンチが大腸の中に長時間とどまると腐ってきて、からだによくないモノを出し始めます。おなかが痛くなったり、くさいオナラがたくさん出たり、吹き出物ができたりします。水分がなくなり、硬くなってウンチの出口で栓をするような状態になり、ますます出しにくくなってしまいます。ウンチたちも、苦しそうだね…。

食べたものがウンチになるのに何時間？

食べたものはどのくらいの時間をかけてウンチになるのかな？　食材の消化のしやすさや体調にもよるけれど、たいていは16～27時間くらいかかり、やっとウンチになるんだ。長い旅だね。

もれネタシリーズ②
健康ケンちゃん

　シリーズからもれてしまった人気ネタ第2弾は、いつの間にか健康ケンちゃんと呼ぶようになり定着した鉄板ネタです。シンプルこそ楽しい！　それが実感できます。小学校での実践ネタではありますが、各地の研修会で現役養護教諭が大いに盛り上がります。ですので、中学生や高校生でも楽しめるはずです。どうぞ、みなさんの校種に合わせてアレンジして試してください。

保健学習では6年生の「病気の予防」で扱います。非常に面白みのない単元で、どうやって子どもたちの生活や経験とむすびつけ、興味の持てる内容にしようか苦しみました。まさに、こんな状態です（これは10年以上前、当時描いたイラストです）。このときにいくつかのアイデアが生まれ、その中の1つが健康ケンちゃんです。気になる方は『オイカワ流保健学習のススメ』（東山書房）p.133-p.145をご覧ください。

看護学生じゃないんだから病気の知識を詰め込むような授業にはしたくない…

「脳ガン」だ「病気になるぞ」と、おどかすだけの授業にはしたくない…

「なるほど♪」「へ～⁉」と、子どもから声があがるような楽しい授業ネタはないものか…

日々の生活や体験からの気づきを生かせるような授業ネタはないものか…

活動場面を作り盛り上げて印象深くしたいな～

「涙は目を守っているんだね」的な話は日常の中でもよく聞きます。そこをどう加工するか、腕の見せどころです。

ポイント①　個数をしぼる

ベスト10など数を提示すると、そそられる。

ポイント②　ヒントを出す

答えが広がり過ぎないよう、考える範囲を狭めておく（「からだから出る」という条件など）。

ポイント③　笑える落としどころ

「オイカワ先生が考え付きそうな」を加えるだけで、外れても間違えたのではなく、オイカワの思いつきとは違っただけ～になる。つき合いの長い子どもたちにはオイカワの好みがバレバレで、たいてい当たってしまい、また笑えます。

もれネタシリーズ②

～健康ケンちゃん～

@手洗い、うがい、マスク、換気…。感染症から身を守るための新しい生活様式も定着しました。そんな中、私たちは、もともといのちを守るしくみを備えていることも忘れてはいけません。

＊当てるものが10個ある。同じパターンで10回繰り返すと間延びするし飽きるので、途中でパターンを変えるのがポイント。

働きかけと流れ	
導入 **1** 分	教材1を貼るか、黒板にこの絵を描く。　　　　　　　　　　　　　　　教材1▶ 🧑 （声色を変えてケンちゃんになりきる）こんにちは、私は健康ケンちゃん。みんなのからだの中にいるんだ。からだからいろいろなモノを出して健康を守るのが仕事だよ。ナニを出して、どうやって健康を守っているか、当ててね。
展開❶ **4** 分	🧑 1つだけ答えを教えるよ。（涙を貼る・描く）涙だよ。どうやって健康を守っているかと言うと、①目に入ったゴミを洗い流す、②目の表面に酸素や栄養を運ぶ、③殺菌効果もある。こういうことなんだ。わかった？ （この例題を示すとたいていはその後の予想がたつ） 🧑 たくさんある中から『○○先生が選んだモノ』を考えてもらうよ。先生が考えそうなモノを当ててね。 ・思いついた人に挙手させ、数人に答えてもらう。正解のときは「だいせいか～～い！」とケンちゃんの声でほめたたえる。答えたモノがどうやって健康を守っているか、わかったら話してもらう。理由がわからなくても大げさにほめ、教材の裏に書いてある正解を子どもに読んでもらう。読んだ子どもは、自分が正解して解説した気分で嬉しくなる。  ・5～6個は正解が出るはず。詰まったら展開②のご近所と相談パターンに変更する。
展開❷ **4** 分	🧑 残りはあと○個。先生が考えそうなモノ、あるよね～。近くの人と相談して思いついたら手を挙げて答えてね（ワイワイしてもいいので相談させる）。 ・数人に答えてもらい、完成させていく。 ・最後まで出ない答えは、①ヒントを出して答えに導く、②ケンちゃんに教えてもらう（ケンちゃんの声色で教材の裏を読んで説明し、ケンちゃんが教えてあげる形にする）。
まとめ **1** 分	🧑 （ケンちゃんの声色で）みんなのからだには、悪いものを、①追い出して入れないようにする力、②からだの中で増やさないようにする力、③やっつけようとする力、④傷つけられたところを治す力があるんだ。パワーアップするには、しっかり食べる、しっかり寝る、いっぱい遊ぶ、楽しく笑う、が効果的なんだ。みんなができることばかりだよ。

ウンチ、オシッコ、オナラ、鼻クソ…。場をわきまえないと口に出すのは遠慮してほしい言葉。場をわきまえるっていうのは「言ってはイケナイ」と誤解している大人がいる。「言っていい場面」「言って欲しい場面」を子どもたちに保証してこそ、わきまえ方が身につくのです！　だから、ここでは声を大にして言って欲しい！　だって、みんなのからだから出るモノだし、それぞれに意味や役目や働きがあるんだもん。

それにはまず教師がお手本を示しましょう。そして、正解を答えたり解説を読んでくれた子どもをほめたたえましょう！　「下痢ウンチ」の大切さ、この機能がなかったらほとんどの人は幼いころに死んでいたかもしれないなんて…。下痢をしたときに、流す前に感謝の気持ちがもてるかもしれません。そんな話もして欲しいです。

教材「健康ケンちゃん」

いのちを守るしくみ

からだから ○○を出して からだを守る

汗

からだの中に熱がたまって体温が上がりすぎないように調節する。汗が乾くとき熱をうばっていく。

涙

目の表面のゴミを洗い流したり、目の表面に栄養・酸素を運んだり、殺菌したりする。

鼻水（透明）

細菌を殺す力をもっていて、悪いものを包み込み、のどから胃へ運び処理する。

鼻水（黄色っぽい）

かぜなどの菌が大暴れを始めると細菌の排泄物で色がつく。

だ液

口の中に入ってきた細菌を殺す。食物の糖を分解し、消化吸収しやすくする。

くしゃみ

鼻の奥に入ろうとする悪いものを、肺から勢いよく空気を出して鼻から外へ追い出す。

せき

のどの奥に入ろうとする悪いものを、肺から勢いよく空気を出して口から外へ追い出す。

おしっこ

毒・危険なものを外に出す。体内の水分割合を一定に保つ。

下痢

毒・危険なものが腸に入ってくると、腸の壁からたくさんの腸液を出して勢いよく外に押し出す。

ゲロ

毒・危険なものが胃に入ってくると、脳が胃に嫌な刺激を与え、吐き出させる。

耳垢

耳に入ってきた小さなゴミを耳の奥に行かせないために、ネバネバした液体にくっつけて捕まえたもの。

もれネタシリーズ③
乳歯はどうして抜ける？

　シリーズからもれてしまった人気ネタ第3弾は、なかなかご紹介のタイミングがなかった歯科指導ネタです。歯科衛生士養成がメインの学校出身なので、実は歯科指導が大好きです。そして、健康な歯を保つことが、生きていくうえでとってもとっても大切だと子どもたちに伝えたい強い思いをもっています。コロナの影響で、集団での歯みがき指導や、うがいの必要な指導は避けざるを得ない現状ですが、知恵や知識を増やすのはいいですよね！　小学校での実践ネタではありますが、乳歯と永久歯が生え変わったあの衝撃を忘れてしまった中学生や高校生も、懐かしく楽しめるはずです。どうぞ、みなさんの校種に合わせてアレンジして試してください。

教材：乳歯の下には永久歯

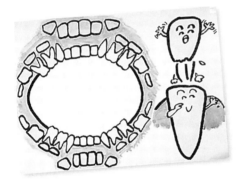

生え変わったときに、根っこのとけた乳歯をよく観察しよう。ギザギザで穴があいているよ。

今、1年生の孫が絶賛生え変わり中で、話してやってます。

❶ 乳歯が生えそろったころには、そのすぐ下に永久歯が待機している。

❷ 健康な乳歯は自分の根っこ（歯根）をとかして、永久歯に場所をゆずる準備を始める。根っこがとけて短くなると歯肉内に立っていられなくなり、グラグラして抜けてしまう。6歳ごろから乳歯が抜けはじめ、15歳ごろには抜けてしまう。

❸ 乳歯がむし歯になり、中の神経が死んでしまうと、自分の根っこをとかすことができなくなる。いつまでもむし歯の乳歯が残り、場所をゆずれなくなってしまう。永久歯は本来生える場所ではないところから生えてきてしまう（二重になる、斜めになる等）。

❹ いつまでもむし歯の乳歯が残り、とけない根っこに膿がたまると、すぐ下に待機している永久歯に触れ、生える前の永久歯が膿でとかされて、むし歯で生えてくることもある。

❺ 「乳歯なんて生え変わるからむし歯になっても気にしない」というのは大きな間違い。❸❹になってからでは、治療も大変。乳歯を大切に、そしてしっかり生え変われるようにするのが大事。

もれネタシリーズ③

～乳歯はどうして抜ける？～

@今、口の中には歯が何本あるかな。子どもの歯、大人の歯、グラグラの歯、生えかけの歯、いろいろな歯があるね。ところで、子どもの歯と大人の歯はどうやって入れ替わったんだっけ？　そのときのことを思い出してみよう。

働きかけと流れ

導入 **1** 分	口の中には歯が何本あるかな？ 子どもの歯、大人の歯、グラグラの歯、生えかけの歯、いろいろな歯があるね。ところで、子どもの歯と大人の歯はどうやって入れ替わったんだっけ？

展開❶ **3** 分	①下に準備している永久歯が「早く抜けてよ〜」と下から押して、乳歯が押し出された。 ②下に準備している永久歯に場所をゆずらなくちゃって、乳歯が自分から抜けた。

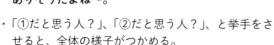
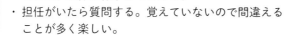

乳歯のすぐ下に永久歯がこうやって待っているんだね。さあ、どっちでしょうか？　どっちもありそうだよね〜。

・「①だと思う人？」、「②だと思う人？」、と挙手をさせると、全体の様子がつかめる。
・担任がいたら質問する。覚えていないので間違えることが多く楽しい。

展開❷ **4** 分	正解は〜（ためてから）発表〜②です！ （当たった！ 外れた！ と、わーきゃーとなりますが少し楽しませてあげましょう）

これ（教材）にヒントがあったんだ。抜けた乳歯の下を見てごらん、ギザギザで短くなっているでしょう。

・前ページの教材解説を発達段階に合わせて説明する。

これから乳歯が生え変わる人は、抜けた乳歯をよく見てね。根っこがとけてギザギザになって穴があいたようになっているよ。乳歯ってすごいね！

まとめ **1** 分	昔は「乳歯なんて抜けちゃうんだからむし歯になっても気にしない」と考える人もいたんだ。これは大きな間違いだって、みんなはもうわかったね。乳歯を大切にして、乳歯を健康に保ち、永久歯としっかりバトンタッチしてもらおうね。

☆流れや教材の説明は最低限の言葉をコンパクトに載せています。ネタに使える時間に合わせて説明を追加し、使い勝手がいいように加工してください。

他にもこんな歯科保健指導用の教材を作っています。

みつけてみよう　6歳臼歯

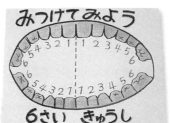

❶ 手鏡で口の中を見ながら、歯ブラシや舌で歯を数えてみよう。
❷ 前歯の 1｜1 を1番目として、2、3、4、5、6番目が6歳臼歯。
❸ 抜けている歯、生えかけの歯があると数えるのがちょっと難しいよ。

6歳臼歯の特徴

❶ 永久歯でからだが一番大きい、噛む力も一番大きい。
❷ あとから生えてくる永久歯の位置の決め手（目印）になる。
❸ 生えるのに時間がかかり、背の低い時期が長いので、みがき残しになりやすい。
❹ 歯の溝がとっても深いから、噛み砕く力は強いけれど、溝に汚れが残りやすい。

みがき残しの多い場所

❶ 噛み合わせの深い溝（咬合面）。
❷ 歯と歯のくっついている場所（隣接面）。
❸ 歯が歯ぐきに埋まっている場所（歯周ポケット）。
❹ 意外と多いのが、前歯の裏です。前歯の裏が、貝殻の様にクルンと凹んでいる人は要注意。

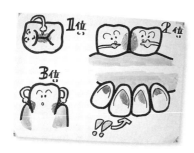

6歳臼歯は特別に1本だけの横みがき

　背の低い時期の6歳臼歯は、他の歯と一緒にみがいても毛先が届かず、汚れが残ってしまう。1本だけ特別扱いをしよう。力を入れてゴシゴシしなくていい、正しく当たっていればコショコショと歯をくすぐるくらいの力できれいになるよ。

❶ 咬合面（噛み合わせ）は、口の横から歯ブラシを入れ、噛み合わせ面の上に歯ブラシを置き、そっとコショコショみがく。
❷ 頬面（ほっぺ側）は、歯ブラシをできるだけ直角に当て（下の教材「歯ブラシチェックのし方と基本の当て方」参照）、そっとコショコショみがく。
❸ 舌面（べろ側）は、口の横から歯ブラシを立てて入れ、1本だけをそっとコショコショみがく。

歯ブラシチェックのし方と基本の当て方

❶ 大きさは指2本より小さめがみがきやすいよ。
❷ 背中から見て毛先が広がっていたらもう取り換えよう。
❸ 歯ブラシの毛先は歯面にまっすぐに当たるように工夫しよう。

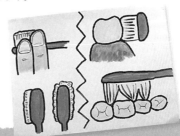

よく噛むといいこといっぱい！　一口 20 噛みでがん予防

❶ 消化がよくなる。噛むことは消化の第一歩と言われている。食べ物が細かくなり消化しやすくなる。唾液がたくさん出るから食べ物がよくまざって飲み込みやすくなる。胃液やすい液の分泌もよくなる。
❷ 満腹感が得られて、肥満予防になる。
❸ 顎がきたえられて歯並びにもよい影響がある。
❹ 歯の汚れが落ちる。
❺ 頭の血行がよくなり、脳の発達にもよい影響がある。
❻ 唾液がたくさん出て、唾液のもつ発がん物質の毒性をおさえる働きも増し、がん予防にもなる。

噛む回数の歴史

❶ 現代はやわらかく飲み込みやすい食品が好まれ、多くなっている。
❷ 食事時間も噛む回数も極端に減っている。
❸ 歯ごたえのある物をじっくりたくさん噛むように心がけたい。

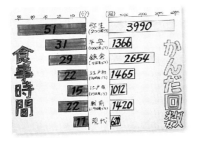

歯のしくみ

　詳細なしくみや名前は覚える必要はない。「何層にもなっている」「かたい層が破られるとむし歯は急にすすむ」「中は空洞で神経や血管が通って歯は生きている」などをざっくり伝えたい。

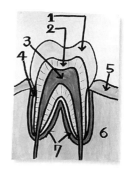

❶ **エナメル質**：一番外側でツルツルしている。鉄よりかたい。
❷ **象牙質**：神経が通る空洞を囲んでいる。
❸ **歯髄**：神経、血管があつまる大切な場所。
❹ **セメント質**：歯の根っこを顎の骨に固定している。
❺ **歯肉**：顎の骨を守るバリアーになっている。
❻ **歯槽骨**：歯が埋まっている顎の骨の部分。
❼ **歯根膜**：歯と顎の骨を固定し、クッションの役目もしている。

歯にかかる力

❶ 食事中にホッペの内側や舌を噛んで痛い思いをしたこと、あるよね。
❷ 実は噛むときにすごい強い力がかかっている。
❸ 奥歯1本に50〜70キロの力がかかっているんだ。
＊「何キロくらいの力がかかっていると思う？」とクイズにしてもいい。
　この力は「歯のかたさ」と「あごの筋力」で生まれる。

もれネタシリーズ④
好き嫌いランキング

　シリーズからもれてしまった人気ネタ第4弾は、みんな大好きランキングものです。占い系とランキングものはハズレなく盛り上がります。養護教諭向け研修でも楽しめたので、間違いありません！

　この教材をヒントに『校内ケガ発生場所ランキング』とか『保健室来室理由ランキング』とか『給食人気（不人気）メニューランキング』などなど、いくらでも応用が利くお買い得（?）なネタです。どうぞ、みなさんの教えたい内容・校種に合わせてアレンジして試してください。

今回のネタは『たよりになるね！食育ブック3』（少年写真新聞社）をペラペラと読んでいてハッと思いついたものです。食育ブック的には、「好き嫌いを克服していこう！」という趣旨なのですが、今も苦手でどうしても食べられないものが1～2つあるオイカワは、違った捉え方をしました。好き嫌いはあってもしょうがない。でも、好きなものだけ食べていたらどうなる？　食べられるものは多いほうがお得だよね。そう感じてほしいと思いました。

　4年生の保健学習で、「からだの成長以外でどんな成長があった？」と尋ねます。「幼稚園のころ食べられなかったナスが今は好き」「ピーマンが食べられるようになった」などなど、味覚の成長や変化で、知らず知らずのうちに好き嫌いを克服しているという声がとても多いのです。苦労しなくても、いつの間にか食べられるようになっている食材も多いのだと、驚かされます（ミニネタNo.15参照）。

嫌いなものが食べられるようになるタイミングってなんだろう？　自分を振り返っても、幼いころ苦手だったのにいつの間にか食べている食材はたくさんあります。無理して飲み込んで吐いてしまう、それがトラウマになってますます嫌いになってしまう、そんな子どもをたくさん見てきました。だから、「きっといつか、嫌いでなくなるタイミングがくるよ～」「○○が無理なら、同じ栄養のある▲▲を食べたらOKだよ～」とお気楽に言ってあげたいです。最後は「だけどさ、食べられるものが多ければ多いほどお得だよ！」とも加えます。

＼ 好きな・嫌いな料理ランキング ／

好き		嫌い
カレーライス	1位	☆なんと同じもの
	2位	野菜炒め
	3位	
寿司	4位	
	5位	漬物（キムチ）
パスタ	6位	酢の物
	7位	
グラタン・ドリア	8位	刺身
☆なんと同じもの	9位	煮魚
チャーハン	10位	

試しにこの表をうめてみてください (^^♪

もれネタシリーズ④

～好き嫌いランキング～

@好き嫌いって、なんであるんだろう。いつの間にか食べられるようになることがあるって、ほんと？
好きなものだけ食べていられたら幸せなのになあ。あれ？　それもほんと？

	働きかけと流れ
導入 1分	嫌いな食べ物が1つもない人〜？（数人は手が挙がるかも） 嫌いな食べ物がある人〜？（どっと手が挙がるはず）　わあ、こんなに！ ＊口々に自分の嫌いなものを言い出すのは想定内です。少し言わせておきましょう♪ 今日は好き嫌いランキング当てをするよ。
展開❶ 5分	①まず、全部隠したままの教材を貼る。それだけで、わ〜きゃ〜となるはず。 ②右ページを参照に、どのパターンにするか決め、その順位をもったいつけながら1つずつ開いていく。当てる順位は、好き嫌い各3つくらいがいい。多いと飽きる。  ③隠れた部分を当てさせる。考えついた人から手を挙げて答えさせてもいいし、近所数人で相談してもいい。班やグループがあるなら「〇班は好きの〇位を当てて」「△班は嫌いの△位を考えて」と振ってもいい。また、前ページの表☆のようなヒント、〇位と〇位はお魚系だよ、などの関連づけヒントも考えさせる上で効果的。 ④当たったときは大げさに「大正解〜！」と言い、隠れた部分を開く。外れたときは「残念！」と一緒にがっかりする。違った順位で正解している、好きな料理で答えたのに嫌いな料理の答えだった、などはラッキーアンサー。「こ、こ、これはすごいぞ〜。〇位と思いきや◇位で大正解〜！」と盛り上げましょう。
展開❷ 3分	①好きな・嫌いな食材ランキングもめくりながら見せる。時間はかけられないが下から、上から、工夫して楽しませながら開く。  ②両方のランキングをよく見てみよう。気づくことはないかな？聞いてみる。「野菜は嫌いな人が多い」ことに気づく。 ③両方のランキングをよく見てみよう。好きなものばかり食べていたらどうなるだろう？　聞いてみる。「栄養がかたよる」「病気になっちゃうかも」など予想される。 ④好きで美味しく食べる、苦手だけど我慢して食べる、どっちがいい？　そうだね、どうせなら、どれも好きになって、美味しく楽しく食べられたら一番いいよね。
まとめ 1分	先生は、小さいころ苦手だったのに、いつの間にか食べられるようになったものがたくさんあります（具体的に、納豆でしょ、ネギでしょ、などとあげる）。4年生の勉強で、「小さいころに比べてどんな成長があった？」と聞くと、「幼稚園のころ食べられなかったナスが今は好き」「ピーマンが食べられるようになった」などなど、知らないうちに好き嫌いが減っているという声がとても多いです。いつの間にか食べられるようになっているんだ！　と、驚かされます。今、苦手なものがあっても、きっといつか、嫌いでなくなるタイミングがくる！　〇〇（緑のホウレン草）が無理なら、同じ栄養のある△△（緑のブロッコリー）を食べたらOKだしね。そして、どれも好きになって、美味しく楽しく食べられたら一番いいよね。

【教材1】 好き嫌い食品

【教材1】見せ方パターン1

もちろん、好きも嫌いも下位から順にもったいつけて開きます。「お寿司！」「パスタ！」と声があがるはず。口々につぶやく声が当たっていたら「大正解〜！」、違っていたら「残念！」と巻き込むことを忘れずに。

【教材1】見せ方パターン2

下位から開いていくと最後の3つが限られてきます。「ハンバーグが1位と思ったら出ちゃった〜」「この嫌いなもの、オレみんな好きだ。なんで嫌いなんだろう？」などなど、たくさん声が聞こえるはず。いいつぶやきは拾ってひろげましょう。

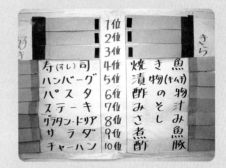

【教材1】見せ方パターン3

ヒントをのせるパターンです。①「ナント！　好きの9位、嫌いの1位（棒磁石のところ）は同じものなんだよ。いったい何だろう？」、好きな人もいれば、苦手な人も多い料理ってなんだろう。考えさせましょう。②「嫌いの4位・8位・9位は同じ食材で料理法が違うだけ。それって何だろう？」、そこで考えさせましょう。③一回考えさせ『魚』を導きます。その上で「煮る・焼く・生のままという料理法の違いなんだ。どの食べ方が何位だと思う？」と2段階で考えさせることもできます。

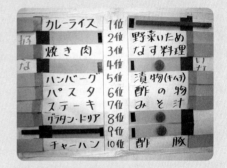

【教材2】 好き嫌い食材

【教材2】見せ方パターン1

教材1と同じように奇数や偶数を開いて、残りを当ててもらう他に「3位だけ野菜以外の食材が入っています。何だろう？」と見せるのもよい。答えは『レバー』。以前、給食のメニューにあったけれどいつの間にか消えてしまった…。そういうことなんだなあ。妊娠中に意識していっぱい食べたな。栄養価高いのにな。

【教材2】見せ方パターン2

嫌いな食材の10位までを見ると、嫌いな食材のダントツ1位、ぶっちぎり1位、とびぬけてグラフの長いのは？　答えは『野菜』。

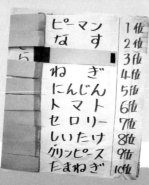

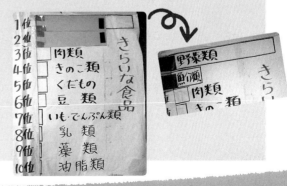

【教材3】 同じ仲間

仲間のうちどれかが苦手でも、どれかが食べられたら同じ栄養はとれているから大丈夫です。真面目な子どもは食べられないことを負い目に思ったり、無理して食べて吐いたりします。ゆるゆるっとさせてあげましょう。

東京湾をのぞみ、保護者に沿岸漁業や網元さんなどがいた学校の時のことです。嫌いな料理に刺身や煮魚がランクインしているのを見て「うっそ〜」「海からあがったばっかりの新鮮でうまい魚を食ったことがないんじゃないの?」「魚嫌いとかマジでないから」と大ブーイングでした。「今の時期のカンパチは最高だよな」「ちょっと小ぶりだったけど、昨日あがったメバルの煮魚は美味しかった〜」とか、「○○(お寿司屋さんの店名)の地魚の握りはいける」という、ツウな話題で盛り上がりました。

1つ前の学校も退職時の学校も農家さんがいっぱいいます。温暖な三浦半島なので、1年中畑が緑で新鮮で美味しい野菜がたくさんあります。野菜がこんなに嫌われているという実態を知った子どもたちの反応は…。「かわいそうだよな。野菜が美味しいのを知らないなんて」「朝どりのトマトとか食べたら絶対に好きになると思う!」という話から「野菜嫌いな子どもに、どうやったら美味しい野菜を知ってもらえるかな?」という話題にまで発展しました。

ランキングを見比べて、子どもたちはいろいろなことを感じます。「好き嫌いせず何でも食べましょう」「好き嫌いは努力で克服しましょう」など耳にタコの言葉を言うよりも、自分で感じ取ってもらいたいです。考えをまとめる助けとなるちょっとした言葉「好きなものがいっぱいあると食べるの楽しいよね」「小さいころ無理だったものもいつの間にか食べられるようになることが多いんだって」などをチョイチョイはさむといいです。

ダメ押しをするのならば、最後に「今日の勉強をしてどんなこと感じた? 思った? 考えた?」と聞いてみましょう。決して「何がわかりましたか?」とか聞いちゃダメですよ。正解をわかっていないと答えてはいけないと感じてしまいます。

みなさんの地域では、このランキングを見てどのような反応が聞けるでしょうか? 地域性や子どもたちの食生活が出るので楽しいですよ。この授業をしたときに、何を思ったのか食わず嫌いの納豆について「味が苦手なら仕方ないけど、食べたことがないのに嫌いなんて納豆に失礼だよね。食べてみて報告するね!」と宣言してしまいました。食べてみて美味しかったです! 40歳で食べられるようになりました。

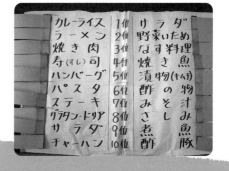

ミニネタ No.41

もれネタシリーズ⑤
日本の子どもが世界一？

シリーズからもれてしまった人気ネタ第5弾は、睡眠です。No.37で紹介したウンチネタと合わせ技で、生活リズムを意識させるのにとても有効です。『いい睡眠はすっきり目覚める⇒美味しく朝食が食べられる⇒胃腸が活動して排便につながる』この良い形のとき、そして崩れてしまったとき、たいていの子どもは両方を経験しています。受験勉強やアルバイト、SNSやゲームにはまって…、睡眠の乱れは中学校・高校でも『ドストライクネタ』ですよね。どうぞ、みなさんの校種や扱う場面に合わせてアレンジして活用してください。

ミニネタ No.41

もれネタシリーズ⑤
〜日本の子どもが世界一？〜

@日本の子どもが世界一なんてすごいね！　一体、なにが世界一なんだろう？

働きかけと流れ		
展開❶ 3分	Q	日本の子どもが世界で一番、なんだろう？ 思いついたものを数人に言ってもらう。黒板やホワイトボードがあれば板書する。
	A	正解は〜（ためて、もったいつけて）〜睡眠時間の短さ、つまり睡眠不足世界一です！ 「え〜〜！」という不満や不思議といった声があがる。
展開❷ 3分	Q	それでは、睡眠不足で起こるのはどれだろう？ 少し見せて楽しませる。「どれだ、どれだ」と声があがるはず。
	A	正解は〜（ためて、もったいつけて）〜。 1枚ずつめくりをはがしていく。めくりが開いて正解だった子どもから歓声があがる。そして、3枚とも開き、全部が〇とわかると「え〜っ」「ずるい〜」と、やられた〜という楽しそうな反応がくるはず。
まとめ 4分	1	睡眠が必要量より2時間不足したときの能力は、血中アルコール濃度が0.05％のほろ酔いと同じ⇒ちょっと酔っ払い。
	2	睡眠時間が短いと、食欲を増すホルモンが増加し、肥満になりやすい⇒いつもより食べたくなる。
	3	ほろ酔い状態では集中力や判断力が弱まる。睡眠不足が続けば、記憶力にも障害があらわれる⇒覚える力が弱まる。
		睡眠って本当に大事なんだね （ざっくりおさえる。耳にタコのような「早寝早起き朝ごはん」を繰り返さない）。

発達段階に合わせ、以下の資料を加工して使ってください。お説教臭くならないように、そこだけはよろしくお願いします。

イラストを拡大コピーして色をつければ教材になります。裏には資料を貼っておくと、説明したり、質問が出たときに安心です。

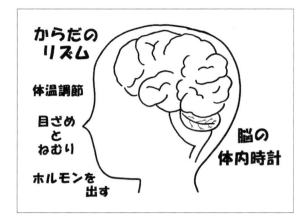

「からだのリズム」と「生活リズム」

からだのリズム

体温を調節する・目覚めと眠りを誘う・からだの働きを助けたり、からだを成長させたりするホルモンを出す、など。脳の中の体内時計がからだのリズムをきざんでいます。

生活リズム

からだのリズムに導かれ、食べる・寝る・運動をする、ということを中心に繰り返す日々の生活リズム。就寝時間がまちまち、睡眠不足、不規則な食事…など、生活リズムが乱れると、からだのリズムも乱れ、からだの調子が悪くなってしまいます。

ポイント1【食べる】

1 からだを元気に動かすために食べます

私たちのからだは、食べ物に含まれている栄養素を燃やし、からだを動かしたり、体温を保ったりしています。

2 からだをぐんぐん成長させるために食べます

みなさんのからだは、今ぐんぐん成長しています。生まれたばかりのときの写真を見たことがありますか？　生まれたときの大きさや、成長の仕方は一人ひとり違いますが、みんなずいぶん大きくなったでしょう。食べ物に含まれる栄養素によって、からだがぐんぐん成長するのです。

3 からだの調子を整えるために食べます

からだにはいろいろな仕組みがあります。食べ物に含まれる栄養素によってその仕組みがしっかり働き、調子が整います。

①食べ物を分解し栄養を取り入れる「消化・吸収」
②心臓が血液を送り出し全身に運ぶ「循環」
③空気を肺に吸い込んで酸素を取り入れる「呼吸」
④病気からからだを守る「免疫」

〈朝ごはんは脳の栄養〉

夕飯から栄養を取り入れて、眠っている間も脳は活動しています。朝には栄養を使い果たしています。朝、新しく脳に栄養を送らないと、脳は活動ができません。あくびが出たり、ぼんやりするのは、脳が朝ごはんを待っている証拠です。

4 食事を楽しみ、心のつながりを深めるために食べます

一人きりで食べるのと、家族や友だちたくさんの人と食べるのでは楽しさが違いますね。誰かと一緒に食べると、落ち着いたり、温かい気持ちになって、その人と心のつながりが深まるという不思議な力があります。

〈おはようウンチ〉

朝起きたとき、胃の中は空っぽなので、胃はゆっくりと動きながら休んでいます。大腸も昨日食べた物の残りかす（便）をためたまま休んでいます。朝ごはんを食べると胃は消化を始め、栄養素を取り入れる小腸や、水分を取り入れる大腸も活動を始めます。すると、大腸にたまっていた便が押し出され、からだの外に出て行きます。朝ごはんを食べて、10分〜30分後に出るのが「おはようウンチ」です。

ポイント2【睡眠】

（No.17で紹介した資料・教材も活用してください）

1 からだの疲れをとるために眠ります

一日動いていると疲れがたまります。疲れたからだは血のめぐりが悪くなったり、筋肉が硬くなったりします。眠ることによって疲れがとれ、明日のための力がつき、病気に負けないからだになります。

2 元気な心、優しい心を取り戻すために眠ります

脳は考えたり、覚えたり、感動したり、やる気を起こしたり、さまざまな心もつくります。疲れた脳は、うまく心をつくれなくなってしまいます。眠ることにより脳は休むことができ、元気な心、優しい心を取り戻してくれます。

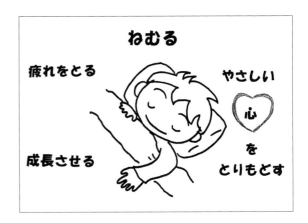

3 からだを成長させるために眠ります

からだの成長にとっても大切なホルモンは、特に眠っている間にたくさん出て、成長を助けてくれます。

1 からだの調子を整えるために運動します

運動すると、血液の流れがよくなり、からだの動きが軽くなります。胃や腸など、からだの器官の働きがよくなり、からだ全体の調子がよくなります。

2 からだの成長を助けるために運動します

運動した後の3時間くらいの間と、夜眠っているときに、成長ホルモンが出ます。だから、よくからだを動かし、夜ぐっすり眠れば、からだがぐんぐん成長するということです。

3 強いからだをつくるために運動します

運動すると、筋肉が伸び縮みをして骨も動かします。このとき、筋肉と骨に小さな小さな傷ができます。この傷は食べ物から取り入れた栄養が治してくれます。運動するたびに傷がつき、栄養素で傷が治される、これを繰り返して筋肉と骨が強くたくましくなります。運動すると、心臓がいつもより早く大きくドキドキして、息もフーフーします。心臓と肺が活発に働いてきたえられ強くなります。

4 強い心をつくるために運動します

運動すると血液の流れがよくなり、からだがあたたまり、いやなことは忘れて気持ちが明るくなり、前向きになれます。運動することで、前よりもできるようになったうれしい気持ちが自信につながり、何事にも前向きに挑戦する強い心が育ちます。

誕生日にケーキを食べ過ぎてしまうことだってある。

いとこが泊まりに来て、ゲームに夢中になり、睡眠不足になる日もある。

ちょっと体調が悪くてぜんぜん外遊びをしない日だってある。

そんなことを気にしていたら大変です。たまに生活リズムが乱れる日があっても、ちょっと頑張って翌日はいつもどおりに起きて、もとのリズムに戻せば大丈夫です。ふだんの生活リズムが整っていれば、すぐにもとのリズムに戻せます。

「そんなのいつも言われて知っているよ」子どもたちにそんな感想をもたせないのが大事です。「睡眠時間をしっかりとらないと○○になっちゃうよ」というオドシ？ ではなく「たっぷり寝るとこんなにお得！」というセールストークでいきましょう。後半の資料は基本的な内容です。「ここ使えそう」という部分を見つけて上手く利用してくださいね。

ミニネタ
しめくくり

MINI-NETA hoken-kyoiku!!

オイカワ流 Part 3

保健教育

ミニネタ

イラスト：オイカワヒロコ

ミニネタしめくくり

　しめくくりという言葉からは、しっとりと幕を閉じる様子を思い浮かべてしまいますが、その実態は…。紙面から退職前にこんななの!?　というドタバタと走り回り、締め切りに追われるようにほけんだよりをバンバン発行する姿を見てもらえると思います。

　「やらなくてはいけないこと」VS「やりたいこと」、そのせめぎ合いでした。

　コロナ禍まっただ中で、日常業務はてんこ盛りです。500人の児童・職員を守る仕事も手を抜けません。保健室は実質2か所になり、救急処置と離れた別室での体調不良者対応で、絶えず2か所を行ったり来たり、中間の廊下でずっと立っている時間も長かったです。

　やらなくてはいけないこと（引き継ぎファイル作成や校務分掌引き継ぎ、保健室の整理整頓と荷物の引き上げや今までの実践整理、ほけんだよりなどの処分＋その他山ほどの事務処理）は放課後や夕方…夜…土日にできる。やりたいことは子どもたちのいる時間帯でしかできない！　そう割り切って、分身の術でも使っているような働き方でした。決しておすすめできませんし、働き方改革と逆行していますよね。でも、学校現場ってきれいごとだけではいかない、こんな実態があるって言うのもぶっちゃけてしまおうかと今回のコメントになりました。

　きっとこの頃のオイカワは、絶えずアドレナリン出まくりで目がギラギラしていたのでは？　周囲の職員は怖かったかもしれません。ごめんなさ～～い。

ミニネタしめくくり

ライフワーク
『性の多様性』で〆①

オイカワ流ミニネタも、いよいよ店じまいの時が近づいてきました。締めくくりの章となります。

〆は、オイカワが養護教諭人生最後のライフワークとして取り組んだ『性の多様性』です。ミニネタ No.16～24 でミニネタにアレンジしてご紹介しましたが、退職直前に行ったの怒涛の授業の様子を、ほけんだよりを使ってライブ感覚でお届けしていきます。

性の多様性の授業に向けて

天職、楽しくて仕方ない、本当に終わる日が来るのかなあ、3月までそんな気持ちでした。年度末の分掌業務まとめをしながら、次の担当者に引継げるよう資料を作る。

「校務分掌だけでなく保健室のバトンも後任者に安心して受け取ってもらえるようがんばろう!」保健室には渡すバトンだけを残し、あとは空にしてオイカワの痕跡を消去します。

学校に居る間にしかできないこと、思い残すことなくやるぞ! そう、授業!! 時間は限られています。優先順位を決めて粛々とすすめようと決めました。結局、水面下で必死に足をこぐ白鳥です。水面上は「余裕あるねえ」と見えるよう装い(見えていたのかなあ?)、水面下はドタバタでした。まあ最後まで、いつも通りのオイカワってことです。

今まで『性の多様性』の内容をまとめたほけんだよりは、実施した学年だけに流しました。まだ初経や精通も習っていない低学年に配るのはどうなのか、と考えていたからです。今回は腹をくくり1～6年生全員に配布しました。オイカワが腹をくくったほけんだよりをご覧いただき、5年生2クラスに行った『性の多様性』の授業を一緒にやった or 受けた感じを持ってもらえたら嬉しいです。

～ライフワーク『性の多様性』で〆～

授業を実施した学年だけに配るのなら、子どもが保護者に内容を伝えることができます。しかし、今回は全校に配ったので『オイカワの考える性の多様性』をわかりやすい言葉でコンパクトに、さらに視覚に訴えるように工夫して作りました。

表

ほけんだより

2021.3 その3
健康教育紹介シリーズ

2016年度から今年で5年目になりました。高学年で学習しています。

～小学校で どう学ぶか～

性の多様性

学習を積み重ねることで教員も理解が広がり子どもと一緒に成長しています。

女の子の体でうまれたら、自分は女の子と思える
男の子の体でうまれたら、自分は男の子と思える

そうではない人もいる
そうではなしでも いいんだよ

へえ～。そうなんだ～
なるほど
そういうことか

子どもたちは とても素直にサラリと受けとめ、ストンと落ちます

好きになる性

☆ 自分と違う性の人を好きになる人がいる

☆ 自分と同じ性の人を好きになる人がいる

☆「人」を好きになるので性別は関係ない

いろいろ なんだよ

体の特徴などで判断される性

自分で自分の性をどう思うか

自分の性は自分で決めるもの

心の性と体の性

☆ 心の性と体の性が同じ人がいる

☆ 心の性と体の性が同じでない人がいる

☆ 心の性を決めない人がいる

いろいろなんだよ

Sexual Orientation
性的指向

頭文字をとって「ソジの考え方」を基本に、人権教育として作っています。

Gender Identity
性自認

英語や難しい言葉は覚えなくてOK
いろいろ、いろいろあるってこと。そしてどのパターンも OKってことを伝えます

SOGI
ソジ

hetero sexual 異性愛
同性愛 homo sexual
bisexual 両性愛
無性愛 asexual

どの性別の人も好きになる対象にならない

LGBT
LGBTQ

この2つの方が目にする表記ですが、これは？

↓裏に続く

transgender 性別違和
性別適応 Cisgender
Questioning 性別を決めない

裏

LGBTQ

下の5つのグループの名前の頭文字をつなげた表記です

L (Lesbian. レズビアン) …女性として女性を好きになる
G (Gay. ゲイ) …男性として男性を好きになる
B (Bisexual. バイセクシュアル) …心の性がどうかにかかわらず、男性も女性も好きになる
T (Transgender. トランスジェンダー) …体の性と心の性が違う
Q (Questioning. クエスチョニング) …性別を決めない、決められない

女性として男性を好きになる
男性として女性を好きになる } Hetero sexual ヘテロセクシュアル
からだの性と心の性が同じ人 Cisgender シスジェンダー

人数の多いグループとしてこの2つもあります。他にもいろいろなグループがあります。

Lの人、Gの人、Bの人、Tの人、Qの人が特別なのではなく、たまたま人数が少ないグループにいるというだけのことです。人は皆、どこかしらのグループに入っています。全員が当事者です。

これが SOGI の考え方になります。

HでCの人が一番大きなグループとすると、他の小さ目のグループに入っている人たちは13人～20人に1人と言われています。

こう考えるとわかりやすいです。①

『日本人の血液型×きき手』

| 左ききの人10% | A 38% | O 31% | B 22% | AB 9% | 右ききの人90% |

AB型で右ききの人…だいたい13人に1人
A型で左ききの人…だいたい20人に1人

| 7 山本さん | 6 渡辺さん | 5 伊藤さん | 4 田中さん | 3 高橋さん | 2 鈴木さん | 1 佐藤さん |

上の7つの名字の人を すべて たすと、日本の人口に対して、だいたい13人に1人の割り合いになります。

たいていの人は、この7つの名字の知り合いや友人がいます。つまり、その位の割り合いで身近に小さ目グループの人がいます。あえて公表はしない人が多いので、気づかずにいるだけなんです。

『血液型×きき手』で、教室で手をあげてもらいます。必ずみんなどこかのグループに入ります。そして大きなグループか小さいグループかの違いだけ、ということを体験します。

「AB型で左ききの人は小さいグループだけど、何か悪いことある? A型で右ききの人は大きいグループだけど偉いの?」 この質問に「グループの大きさは関係ない。個性だし～」と返ってきます。この反応で①はガッツポーツです。

みんなの言うとーり!

説明的になりすぎないよう注意! 授業のライブ感を保護者に感じてもらえるよう授業の中の子どもとのやり取りなどを盛り込みます。

ほけんだより

5年1組

5年生での授業より

「心の性」と「体の性」が、しっくりこない人がいる

知っていた（なんとなくも含め）**79%**（70人中）

「同じ性の人を好きになる人がいる

「違う性の人を好きになる人だけじゃない

知っていた（なんとなくも含め）**70%**（70人中）

子どもたちは、いろいろな情報から、結構な割合で知っています。だからこそ、正しく理解することが必要と考え、この学習をスタートしました。

勉強して良かった

一番多かった感想

相談にのれるようになりたい

わかったから受け入れられる

「SOGI」という言葉、覚えておこうと思う

知らずに傷つける言葉を使っていたら悲しい。わかってよかった

すごく話しにくいだろうからそれでも話してくれたら、絶対にその人に力になりたい

相談される、信頼されるような人になりたい

教えてくれてありがとうございました

家族にも伝える

味方だよって伝える

もっと詳しく知りたい。困っている人を助けたい

相談されたら打ちあけてくれてありがとうと言えるようにしたい

勉強する前と、自分の考えがかわった

知らない人もいっぱいいると思うから、もっとこの授業をしてほしいと思った

話してよかったと安心させたい

自分に何ができるか考えた。わかっている人がたくさんいるよ、と伝えるだけでも助けられるかな

特別なんてない。個性だ

5年2組

自分の当り前は他の人の当り前じゃないこともある。自分の当り前をひとにあてはめたりおしつけたりしない

こんな感想も♡

少数グループだったとしても1人ぼっちじゃない。少なくても仲間がいるので、それは心強いと思う

少数グループかもって悩んでいた人がいたら今日の話をきいてすごく安心できたと思う

お母さんから教えてもらったことはあったけど、今日の授業で本当なんだ、と、よくわかった

子どもの声を載せるとき、教師側に都合のいいコメントばかり作為的に選ぶのはNG！「へぇ〜、こんな感じ方もあるんだなあ」と思ったものを選ぶのがオイカワ流です。

オイカワのライフワークとなった『性の多様性』。一歩を踏み出せずウロウロしていたときに背中を「ドン！」と押してくれた飯田亮瑠さんとの対談が月刊『健康教室』で実現しました。「お二人の出会いは？」とか聞かれ顔を見合わせて「新婚さん、いらっしゃい！ みたい」と笑いました。お互いに一目ぼれ？あまりに波長が合って一緒に授業を作り実践し、今も仲良しです。

ミニネタしめくくり
ライフワーク
『性の多様性』で〆②

　ミニネタの原稿は、書（描）いている本人にとっても、そりゃあもう可愛いヤツでした。だからこそ、最後までテイストを保ちお届けします！　5年生には『性の多様性』のベースをしみじみと落とし込み、6年生には中学校へ行ってから少しでも役に立つように卒業プレゼントとして贈ります。今回は6年生3クラス合同の学年授業をライブでお届けします。

卒業式前日「プレゼント授業」

40年の養護教諭人生を終えるオイカワにこんな素敵なプレゼントが!?　くうう、泣けるぜ！

卒業をひかえた年度末、突然全国一斉休校になったショックが頭から消えない学校。突然の休校にも備えながら6年生担任チームは卒業前にやりたいことを厳選し、すすめていました。卒業前の恒例プレゼント授業もできるのかどうか見通しが立ちませんでした。6年生チームの気持ちを察し、催促はしませんでした。できなくても仕方ないと諦めかけていました。

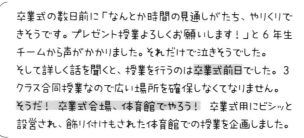

卒業式の数日前に「なんとか時間の見通しがたち、やりくりできそうです。プレゼント授業よろしくお願いします！」と6年生チームから声がかかりました。それだけで泣きそうでした。そして詳しく話を聞くと、授業を行うのは卒業式前日でした。3クラス合同授業なので広い場所を確保しなくてなりません。そうだ！　卒業式会場、体育館でやろう！　卒業式用にビシッと設営され、飾り付けもされた体育館での授業を企画しました。

193

～ライフワーク『性の多様性』で〆②～

底冷えのする3月の体育館。換気のため窓も全開。朝からダウンを重ね着して準備していました。授業がすすむにつれ1枚脱ぎ、また1枚脱ぎだんだん薄着になっていました。オイカワの中でいろんな感情がメラメラと熱を発したんでしょうね。本当はマスクも外し、表情豊かに語りたかった～。

表

ほけんだより

健康教育紹介シリーズ　性の多様性
2021.3　その5

あの～、相談したいことあるんですけど…

6年生では、思春期のからだの悩みに答える内容から「性の多様性」へ発展させていきます。チーム6年生の職員が『悩みをかかえる6年生』になりきり、放課後の保健室に思春期の悩みを相談にやってきます。手作りの教材を使って「なるほど～」「ヘェーそうなんだ」「きいて安心した」と思ってもらえるように答えていきます。

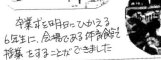

卒業式を明日にひかえる6年生に、会場である体育館で授業をすることができました

Q1 よく男性ホルモン、女性ホルモンって聞くけれど、ホルモンってどこで作られているの？

A1 男性ホルモンは精巣で作られ、精通などの変化を起こす。女性ホルモンは卵巣で作られ、月経などの変化を起こす。実は男子も女性ホルモンを作るし女子も男性ホルモンを作るんだよ。どこでだろう？　副腎に帽子みたいにのっている副腎皮質で作られているんだ。

Q2 まだ精通がないから、どんどん精子がたまりすぎてパンクしないか心配で…（*_*;

A2 精子は毎日新しく作られて古くなると精巣上体ってところから吸収されるんだ。パンクしないから大丈夫。

Q3 生理中って1週間も血が出ているんでしょ。血が足りなくならないか心配なの。

A3 個人差が大きいんだけれどそれはその人にあった量なんだ。平均すると82g。大さじ1杯が15gだから5杯とちょっとだね。思ったより多くないでしょ。

Q4 精子とオシッコの通り道が一緒ってどうなんだろう…。まざったりしないのかなあ。

A4 それがね、人間のからだってよくできていて、どちらかが出るときは残りのほうの出口がしまるようになっているんだ。

児童が振り返り記入時にホッとして座り込んでいたところを6年担任が撮っていました。「え〜〜、いつ撮ったの!?」と言いつつ、燃え尽きた感が背中に漂っているなあ、と思いました。自分では見ることのできない背中、いい記念になりました。

 裏

Q5 生理が始まると背が伸びなくなるっていうけど本当?

A5 女の子には身長の伸びが3段階ある。1段目、3歳までに栄養を元にすくすく伸びる。2段目、4歳から思春期までは成長ホルモンでグングン伸びる。3段目、思春期の後は女性ホルモンでじわじわ伸びる。生理が始まると伸びなくなるのではなく、グングン急激に伸びた後に初経を迎える人が多いんだ。初経後の身長の伸びは平均6cm。個人差が大きいので0の人も10cm以上伸びる人もいるよ。

Q6 声変わりってのどで何が起きているの?

A6 男の子ののどは思春期が始まると1年で2倍の大きさになると言われているの。1年で身長が2倍になったら? 足の大きさが2倍になったら? ありえないよね。のどでものすごいことが急激に起きているから、のどの使い方に慣れなくて声がかすれたり裏返ったりするんだよ。

Q7 生理痛の薬って小学生が飲んでもいいの?

A7 痛みを我慢する必要はないんだよ。「痛みが来たぞ」と感じたら早めに飲んだほうが少ない量で痛みがコントロールできるからいいんだ。小学生の飲める鎮痛剤は限られているから薬局で相談するといいよ。

Q8 僕、胸にシコリができて少しふくらんできたみたいでものすごく心配。どうしよ〜〜〜 ((+_+))

A8 (Q1を示して)男の子にも女性ホルモンが作られるんだ。そのはたらきで3人に1人くらいは胸にシコリができたり少しふくらんだりするんだよ。でも、一時的なものでそのうち元に戻るからそのままにしておいて大丈夫。

Q9 このごろ毛深くなってきてて…。剃ると濃くなるっていうのは本当ですか?

A9 (Q1を示して)女の子にも男性ホルモンが作られるんだ。男性ホルモンのはたらきも活発になって毛深くなることもあるんだ。剃っても毛は濃くならない、自然の毛は先が細く長さもまちまちなのに剃ったあとは太さも長さも揃っているから濃く見えるんだ。

Q10が「性の多様性ってナニ?」というもので、3月ほけんだより その3、その4の内容を学習しました。例年、卒業前のプレゼント授業としていますが、今年は卒業式前日に卒業式会場での実施となり、6年生とは明日でおわかれ…と胸がいっぱいになりました。♡

離退任の挨拶のタイミングは地域によってそれぞれです。オイカワの地域は4月の離退任式で新2〜6年生に挨拶をするのが恒例です。異動の発表が4月1日で3月中はナイショだからです。オイカワは定年退職で隠す必要がなく、この授業があったので6年生にお別れの挨拶をすることができました。

表 〔ほけんだより〕 健康教育紹介シリーズ 2021.3 その1

6年生は保健体育で『たばこ・お酒・薬物』の学習があります。教科書では健康を害するこわいものとして教える部分が大きいので⑦は違った角度から迫ります。

大人に悪気は無いのです が。

たばこはNGだけどお酒ならいいんじゃないかな～

お正月、クリスマス、お祝いの席だからちょとくらい！

神事の神聖なお酒（儀式）として口につけるくらいOKでは

お酒に甘い日本の風土

初高小6年 保健 たばこ・お酒・薬物の害① ～身近にあるお酒～

6年3クラス78人

「ある」の内訳は

ある 43人
ない 35人

お酒を飲んだことがあるというのは大人が考える様なものではなく、右側（下）になります。

子どもの声はみんな「なるほど～」「だよね」「わかる、わかる」と思えることばかりでした。

1位 まちがえて飲んだ 23人／43人中

- カルピスソーダと思ったら、カルピスサワーだった
- コーヒー牛乳と思ったら、カルアミルク（カクテル）だった
- クリアタイプのりんごジュースと思ったら白ワインだった
- 麦茶だと思ったら、炭酸麦酒ビールだった
- ぶどうジュースと思ったらホワインだった
- フレッシュと思ったらチューハイ、サワーだった
- 炭酸飲料と思ったらハイボールだった などなど

2位 大人にすすめられて飲んだ 17人／43人中

- お父さんお母さんにすすめられてが一番多かった
- 葬儀の席で「献杯だよ、ご供養と思ってちょっと口をつけてごらん」と言われ、イヤとはいえない雰囲気だった
- お墓参り（納骨）で「お別れだから」と言われて… などでした。

3位 自分から飲んだ 16人／43人中

- 梅が好きなので梅酒を飲んでみたかった
- レモンサワーのにおいがまるでジュースだったから大丈夫と思った
- 高級そうなチョコレートボンボンで、めったに食べないなと思って2個食べてみた→酔ってしまった
- 大人がおいしそうに楽しそうに飲んでいたから興味と好奇心から飲みたくなった

6年生に実施した薬物の授業のほけんだよりです。3月だけで、ほけんだよりを表裏びっちり書いて5枚出しました。思い残すことのないように。

裏 大切なお金が 煙になって 消えていく

この2つの教材は⑦が以前一緒にお仕事した先生たちがモデルです。6年担任だったAさん、Tさんがたまたまその当時喫煙者だったので、ⓧでチェックして、こっそり教材に作りました。授業の中でいきなりこれを出したときは「え～。これは…私のびよね～あ」と金額の大きさにもショックを受けていました。

380万2500円のお金が煙になって消えていきました

たばこに使ったお金 Aさんの場合
1日 ㋛円×35年＝12,775日
35年間、1日1箱のたばこをすっていた

そのお金のうち、たばこ本体ではなく税金が ホント！ **243万3600円**
たばこには、他の品物と違う様々な税金がかけられているのです。

448万9500円 をひえ～ すごい金額です

たばこに使ったお金 Tさんの場合
1箱 410円
30年間、1日1箱のたばこをすっていた

なければなくてもいいのに払っていた税金は **289万5728円**

この2つのたばこはもっと値上がりして500円になっていました。どうしたらいいのか？ どんな考え方でたばこを見てみよう。大切なお金を有効に使う…

今の学校では信じられませんがほんの昔、職員室でも教室でも普通にたばこを吸っていました（喫煙者は）

もともとたばこが嫌いでしたがおなかに赤ちゃんのいる頃は本当に！！でした。

忘れもしません。前の席の2人が喫煙者で、こちらに副流煙が流れてくるとバタバタとあおぎ返していました。世の中は良い方に変わりました。

たばこを吸っている大人は悪者？ いえ、被害者です！

ちょっと前は、たばこに関する情報も今とはまるで違っていました。今夜吸ってこんなに変わってきています。たばこについて正しく大人のないようにやめられなくなってしまったのか、今の大人です。責めるのではなく、やめられるように応援しよう!!と授業では伝えました。

卒業式に6年担任に着物・袴を着付け、女性にはヘアセットもするのがオイカワのライフワークでもありました。最後の年は3人の女性教員にオイカワが成人式で着た振袖、結納で着た訪問着、学生時代のお茶会用小紋を着てもらいました。めっちゃ大満足！ 男性3人に袴を着付けた年もありました。娘しかいないので息子ができた気分でした。

ミニネタしめくくり
ミニネタ最終話

おやまあ、とうとう最終回がやってきてしまいました。最後まで湿っぽくならないようオイカワテイストでいきますよ！　それにしても、退職直前の3月によくこんなにドタバタと動いたもんだと今さら自分で可笑しくなります。それでは、最終回をお楽しみください (^o^)ﾉ

「性の多様性」について
授業で取り上げるときは
授業後のフォローが
とっても大切です。

No.42の通り、真面目でまっすぐとらえる5年生に、2時間かけて渾身の授業をしたのです。振り返りのコメントには真剣な言葉がたくさん並んでいました。その中には複数人「今日の授業をきいて自分のことだと思った」「今まで感じていた変な感じの謎が解けた」「私は自分の性別がわかりません」などがありました。それぞれの担任と相談して、フォローの時間を1コマとることにしました。

フォローのときに気をつけるのは「誰か」の「こんなコメントがあった」からとしないことです。「あ、私のことだ」とか「それって誰だ？」という別の方向に向かってしまいます。それではどう始めるか。

「この前の授業では、みんなにとても大切な、でも難しいことを伝えました。初めて聞いたり知ったこともたくさんあったと思います。ちょっと頭の中がごちゃごちゃして混乱しちゃった人もいたのではないかな。そこで、まとめのお話をします」この後はもう細かいことはいろいろ言いません。大切なキーワードを担任に板書してもらって子どもの視覚と心に落とします。

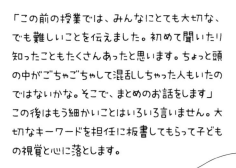

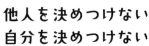

他人を決めつけない
自分を決めつけない
ゆらぎ（自分の中でも決めきれない感覚や感情がある時期の意）
が起こることがある

『ゆらぎ』ゆれ動く自分があってもいいんだ、それがわかると子どもたちは安心します。

6年生に実施した薬物の授業の
ほけんだよりの2枚目です。全校
に流したので、低学年の保護者
にも興味を持ってもらえるよう内容
を考えました。

表

ほけんだより

健康教育紹介シリーズ 2021.3 その2

薬物というのは TVニュースで見るような怖いモノだけではありません。

10代の薬物
乱用者が使用
する薬物が!!

2014年
48% 危険ドラッグ
↓
2018年
41% 市販薬

たった4年でこんなに
変化しています。

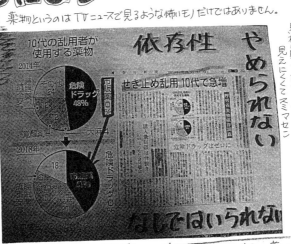

黒板に貼った教材の写真のため・
見えにくくてスミマセン

市販薬って？

処方箋がなくても薬局や
ドラッグストアーで購入できる
一般的な薬のことです。

誰でも手に入る普通の薬で
薬物乱用？薬物中毒に
なるの…？

「消えたい」「つらい時間からにげたい」
「ボーっとして何も考えないでいたい」

こういう気持ち
が強くなり、
決められた量の
何倍も何十倍も 薬を
のんでしまうと

薬物乱用は
芸能人やTVニュースで
見るような事ばかり
ではなく、ちょっとした
心のスキマ が大きく
なった時に、誰にでも
おこる事なのです。

正しくないのみ方なので、気分が
とても悪くなる、吐いてしまう、大事や腹痛
で意識が遠くなる… がおこる

つらく苦しいだけなのに
依存性がうまれ、やめ
られなくなる

正しい使用法を
守って服用する
ことが前提で
誰もが購入できる
のに。これでは
意味がありません！

薬は正しく服用する
これが大切です。
6年生は大きくうなずいて聞いていました。

裏

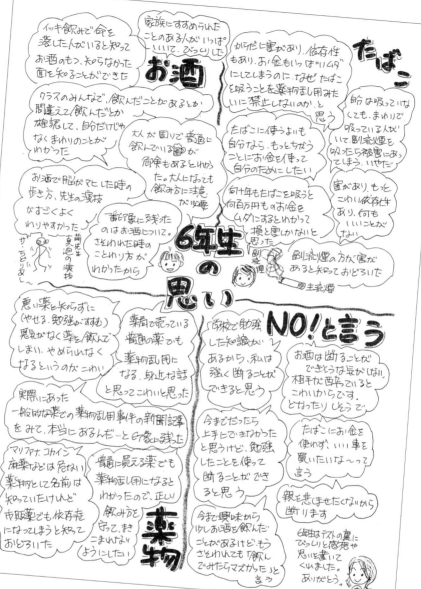

お酒

イッキ飲みで命を落とした人がいると知って、お酒のもつ、知らなかった面を知ることができた

家族にすすめられたことのある人がいっぱいいて、びっくりした

クラスのみんなで、飲んだことがあるとか、間違えて飲んだとか確認して、自分だけじゃなくまわりのことがわかった

大人が固まりで普通に飲んでいる事が危険もあるとわかった。大人になっても飲み方に注意が必要

お酒で脳がマヒした時の歩き方、先生の演技がすごくよくわかりやすかった

番組に残ったのはお酒について、さそわれた時のことわり方がわかったから

たばこ

からだに害があり、依存性もあり、お金もいっぱいムダにしてしまうのに、なぜたばこを吸うことを薬物乱用みたいに禁止しないのか、と思う

自分は吸ってなくても、まわりで吸っている人がいて副流煙を吸ったら被害にあってしまう、いやだ

たばこに使うよりも自分なら、もっとちがうことにお金を使って自分のためにしたい

何年もたばこを吸うと何百万円ものお金をムダにするとわかって損と害しかないと思った

害があり、もっとこわい依存性あり、何もいいことがない

副流煙の方が害があると知っておどろいた
副流煙
主流煙

6年生の思い

薬物

悪い薬と知らずに(やせる、勉強がすすむ)悪気がなく薬を飲んでしまい、やめられなくなるというのがこわい

薬局で売っている普通の薬でも薬物乱用になる、身近な話と思ってこわいと思った

学校で勉強した知識があるから、私は強く断ることができると思う

NO!と言う

お酒は断ることができそうな気がしない、相手が酔っているとこわいからです。どなったりしそうで・・・

実際にあった一般的な薬での薬物乱用事件の新聞記事をみて、本当にあるんだ…と印象に残った

今までだったら上手にできなかったと思うけど、勉強したことを使って断ることができると思う

たばこにお金を使わず、いい事を買いたいな〜って言う

マリファナ、コカイン麻薬などは危ない薬物として名前は知っていたけんど市販薬でも依存症になってしまうと知っておどろいた

普通に買える薬でも薬物乱用になるとわかったので、正しい飲み方を守って、まきこまれないようにしたい

今まで興味からいくしお酒を飲んだことがあるけど、もうさそわれても「飲んでみたらマズかった」と言う

親を悲しませたくないから断ります

6年生はテストの裏にびっしりと感想や思いに書いてくれました。ありがとう。

6年生の保護者は「へえ、こんなことを書くのねえ」と頼もしく思うでしょう。そして下学年の保護者は「6年生になるとこんなことも書けるんだ。すごいなあ」と子どもの成長を思うでしょう。オイカワは1年生の頃から知っている子どもたちなので「からだはもちろん心も思考も成長したなあ(ノ_；)。自慢だあ〜」と思うのでした。

オイカワの地域では退職のとき、総会資料の末頁で仲間にお別れのコメントを載せます。今まで先輩たちの心のこもった文章を見てきました。怖いもの知らずのオイカワは担当の先生に「前例がないけど手書きしたい」とお願いしてみました。「大丈夫です！」と良いお返事をいただいたら気が大きくなって「だったら、ほけんだより形式にしてもいいかな？　スペースはどのくらい使えるかな？」と…。結果、このような超前例のない好き勝手なお別れのご挨拶になりました。

三浦半島地区の仲間のみなさん、本当にお世話になりました。コロナ禍、仲間同士の情報や力が支えとなり、無事に退職の日を迎えることができたと思っています。コロナ禍、全国のみなさんも同じように、仲間同士の情報や協力が大きな支えになっていると感じているでしょう。養護教諭の『仲間力』ってすごいです!!　自慢できる!!

「さすがオイカワ先生よね」「オイカワ先生だからできるのよ」そう思わせたくて今まで実践を紹介してきたのではありません。前例がないことをするのって本当に大変だし難しいです。結構、赤裸々にライブ感を出してご紹介してきたつもりです。そのねらいは…。

こんなやり方もあるんだ。これ、やってもいいのね。

ええ～～、ド田舎でこっそりこんな自由なことやってる人がいるの？　叩かれたり、クレーム来たりしないのかな？（一切ありませんでした(^o^)/）

こんなことやっている人がいて、実績もあるんですよって利用しちゃおう。

なに、この人。好き勝手やって楽しそう～。自分が楽しんでもいいんだ。

難しいこと、お金のかかること、施設設備の必要なことはできないけど、これならちょっと真似できそうかも。

研究会やサークルなど、どこにも属さない。学会なども縁遠く、論文など書こうと思ったこともない（すみません、自慢になりませんね(+_+)）。
小中合わせて11校しかない田舎で井の中の蛙だけど、とっても自由～。だからオイカワ流なんです。オイカワがいいと思ってやってみたことを勝手に『**オイカワ流**』といいます。良いも悪いも基準がオイカワだけなのでお気楽です。どこかで誰かの役に立ったら嬉しいです。たたき台になれたら幸せです。

ごきげんよう♡

おあとがよろしいようで♪

何の肩書もないただの「元養護教諭」ですが、今後も何かお役に立てることがあれば馳せ参じます。今まで通り、出し惜しみはいたしません。ご用命、お問い合わせは『健康教室』編集部まで（ああ、丸投げ～笑）。

『オイカワ流ミニネタ保健教育』をお手にとっていただきありがとうございます。退職を挟んで約4年、オイカワの引き出しの中を整理しながらフリマに出品するような気持ちで、手持ちのネタをお値頃価格（笑）、即戦力のミニネタに整えました。すぐに身につけたり、活用できる日用品を取りそろえたつもりです。どんどん使って、みなさんのアレンジも加えて「もうこれは私の持ちネタ！」と思えるようになっていただけると嬉しいです。

本書の中でもご登場いただいた飯田亮瑠さん
（上）、樋口桂先生（下）とは、月刊『健康教室』
（東山書房）の対談でもご一緒しました。

あとがき

　『健康教室』での連載最終回のイラスト（p.201）は、かなり早くから決めていて描き上げ、編集者さんに送りました。それを見て「本当に連載が終わってしまうんですね…」となごり惜しんでくれました（ありがとうございます）。

　この本を手に取ってくださったみなさん、やってみたいと思ったミニネタは見つかりましたか？　「あるある（笑）」「そうなんだよねえ〜」と共感していただける吹き出しコメントはありましたか？

　写真のオイカワが吹き出しで語る言葉は、部会でお茶を飲みながら「ねえねえ、やっぱりこっちのほうがいいよねえ〜」「ここ、失敗しがち。私やっちまいました。だから気をつけてやってみてね」と語り合っているイメージです。原稿内では収めきれない心のつぶやきがもれてしまった結果です。こんな自由度の高い連載をさせてもらえて本当に楽しかったです。

　そして自分のつたない経験をダメダメな部分も隠さず記録に残せたこの本は可愛い宝物になりました。なかなかイケてる養護教諭人生だったなあ〜、と思いながらピリオドを打つこともできました。いろいろな思いがごちゃ混ぜになってぎゅっと詰まった本になりました。

　迷っている方の背中を押すことができたでしょうか？　どこかで誰かの役に立っていること、それがオイカワの幸せです。

　まだまだ養護教諭人生が始まったばかりの方々、まっただ中の方々、養護教諭になろうと奮闘している方々、オイカワから大きな応援を送ります。無理しない程度に、楽しめる程度に、からだや心を壊さないように、まずは御身第一で行きましょう！　できることから少しずつ、それが一番大事です！

オイカワヒロコ

オイカワヒロコ（及川比呂子）

神奈川県三浦市の小学校に養護教諭として勤務。2021年3月に退職。現職時代、子どもを触発する楽しい教材を駆使した保健教育に定評があり、それらの実践は新聞や雑誌で度々紹介・発表される。研修・講演依頼も多く、毎年夏休みには講師として全国行脚（サマーツアー）。

【著書】
・『オイカワ流授業のネタ本』（労働教育センター）
・『オイカワ先生のアイディア引き出し』（ぱすてる書房）
・『オイカワ流保健学習のススメ』（東山書房）
・『オイカワ先生のお仕事術』（明治図書）

【共著】
・『ワークショップで保健の授業』（東山書房）
・『イキイキ保健委員会リポート』（ぱすてる書房）
・『教師のためのキャラクタートーク術』（たんぽぽ出版）
・『健康教育アラカルト』（労働教育センター）
・『ゼロから知る「LGBT」』（労働教育センター）

【DVD】
・『オイカワ流健康教育』（ジャパンライム）

【雑誌連載】
・「オイカワ流保健指導のススメ」（2003〜2004）『健康教室』（東山書房）
・「オイカワ流保健学習のススメ」（2008〜2010）『健康教室』（東山書房）
・「オイカワヒロコのゆるゆる保健室日誌」（2009〜2011）『授業作りネットワーク』（学事出版）
・「オイカワ流ミニネタ保健指導」（2018〜2021）『健康教室』（東山書房）

【執筆記事掲載】
・『いちばん受けたい授業』（朝日新聞社）（全国76人の教員の授業実践）
・『健康教室』（東山書房）
・『健』（日本学校保健研修社）
・『授業作りネットワーク』学事出版
・『子どもと健康』（労働教育センター）
・『心を育てる学級経営』『道徳教育』（明治図書）
・『月刊ポピー』（全家研）、「日本歯科衛生士会機関紙」他

【神奈川県・市町研修会講師】
・神奈川県養護教諭学校保健研修会実践発表（H13）
・神奈川県養護教諭専門研修講座6年次研修講師（H14）
・神奈川県養護教諭専門研修講座10年次研修講師（H16、17、18、19、3）
・神奈川県新採用教員研修講師（H28）
・三浦市・逗子市・葉山町新採用教員研修講師（H15〜19、21、22）
・神奈川県教組養護教員部キャリアアップセミナー講師（H27）
・神奈川県養護教員部夏季研修会（R4）

【今までにおじゃました養護教諭部会、教育委員会など主催の研修会・研究会】
・秋田県養護教員部夏季学習会（H19）
・山形県戸沢村学校保健研修会（H23）
・山形県小・中学校教育研究会養護教諭連絡協議会夏季研修会（H23、H25、H26）
・岩手県一関地方教育研究会学校保健部会学習会（H25）
・岩手県教育委員会養護教諭研修会（H29、30）
・福島県いわき支部養護教員部会学習会（H25）
・福島県学校保健会南会津支部学校保健講習会（R4）
・新潟県上越養護教員会夏季研修会（H19）
・福井県敦賀市教育研究会小・中学校保健部会研修会（H24）
・福井県坂井地区養護教諭夏季研修会（H27）
・茨城県鹿島地区教育会養護教諭研修会（H16）
・茨城県行方地区教育会養護教諭研修会（H17）
・茨城県水戸市・ひたちなか市養護教諭研究会地区研修会（H18）
・茨城県養護教諭研修会（H28）
・栃木県教職員協議会養護教諭部会講演（H27）
・群馬県利根沼田養護教諭会夏季研修会（H20）
・群馬県利根沼田養護教諭会（R4）
・群馬県吾妻郡養護教諭会研修会（H21）
・群馬県前橋市教育研究会保健部会研修会（H21）
・群馬県甘楽富岡養護教諭夏季研修会（R1）
・ぐんま思春期研究会研修会（R4）
・山梨県甲府市養護教員研究会・保健主事会夏季研修会（R1）
・埼玉県埼葛南部学校保健会養護教諭部会研修会（H16）
・千葉県君津地区教育研究会保健部会研修会（H21、H22）
・千葉県東葛飾地区養護教諭会研究発表会（H23）
・千葉県市原市養護教諭会研修会（H24）
・東京都町田市公立小学校教育研究会養護部会研修会（H18、22、30）
・東京都目黒区学校教育会学校保健部門研修（H19）
・東京都多摩地区養護教諭研修会（H19）
・東京都多摩市小学校教育研究会学校保健研究部講演会

いつ頃からでしょうか「お話に来てくれませんか」とお声をかけていただくようになり、ありがたいことに退職した現在もアチコチおじゃまさせていただいています。もともと「現場の養護教諭」という肩書きしかなかったオイカワ。退職した日から、ただの「ばあば兼元養護教諭」という説明しかできなくなりました。なので、オイカワヒロコの肩書き代わりにここまでの多くの方との出逢いを紹介させていただきました。みなさん、あのときは楽しかったです！ ありがとうございました！

（H25）
- 東京都文京区小学校教育研究会学校保健研究部会研修会（H19、H20）
- 東京都足立区小学校教育研究発表会学校保健部会（H19、22、24、R3）
- 東京都足立区養護教諭研究集会（H22）
- 東京都足立区花畑西小学校（H23）
- 東京都渋谷区幼稚園・小学校教育研究会学校保健部会研修会（H22）
- 東京都台東区教育委員会主催小児生活習慣予防講習会（H22）
- 東京都大田区教育研究会小学校学校保健部研修会（H22）
- 東京都中央区教育会学校保健研究会研修会（H23）
- 東京都墨田区向島中学校養護教諭視察研修（H24）
- 東京都荒川区教育研究会養護部会研修会（H28）
- 東京都品川区教育研究会養護部会研修会（H29）
- 東京都練馬区小学校教育研究会学校保健研究部会研究発表会（H29）
- 神奈川県相模湖町養護教諭部会研修会（H17）
- 神奈川県茅ヶ崎地区中学校教育研究会養護部会研修会（H18）
- 神奈川県伊勢原市養護教諭部会（H21）
- 神奈川県厚愛地区学校保健会養護教諭部会研修会（H21）
- 神奈川県小田原市小学校教育研究会養護研究部会研修会（H22、25、30）
- 神奈川県横浜市教育研究会養護研究会研修会（H23）
- 神奈川県平塚市教育委員会養護教諭研修会（H29）
- 神奈川県横須賀市学校保健会養護教諭部会講演会（R3）
- 静岡県浜松市養護教諭部会研修視察研修（H18）
- 静岡県田方地区養護教諭部会視察研修（H19）
- 兵庫県美方地区養護教員部地区研修会（H17）
- 兵庫県南あわじ市学校保健会養護部会研修会（H26）
- 兵庫県宍粟市学校保健会研修会（R4）
- 三重県伊勢市学校保健会養護部会研修会（H19）
- 三重県養護教諭連絡協議会研修会（H24）
- 愛知県海部地区養護教諭研究会研修会（H24）
- 愛知県名古屋市学校保健研究部会研修会（H24）
- 愛知県養護教育研究会研修会（H30、R1）
- 奈良県養護教育研究会保健教育拡大研修会（R4）
- 近畿ブロック養護教員部学習交流集会（奈良県）（R4）
- 香川県養護教諭会夏季研修会（H24）
- 愛媛県今治・越智養護教員部研修会（H25）

- 徳島県教育会館主催セミナー（R4）
- 熊本県小・中教育研究会養護教諭部会夏季研修会（H24）
- 北九州市学校保健会養護教諭部会夏期研修会（H30）
- 鹿児島県教育委員会小・中学校養護教諭研修会（R1）

【大学での講義・講演、学生の視察や研修など】
- 愛知教育大学教育学部養護教諭養成課程（H21）
- 鎌倉女子大学家政保健課養護教諭養成課程（H21）
- 東北福祉大学教員養成課程（H22）
- 活水女子大学子ども支援リソースセンター（H24）
- 神奈川県立保健福祉大学看護学科（H24、25、26、27、28、R3）
- 国士舘大学文学部教育学専攻鈴木裕子ゼミ（H24、25）
- 国士舘大学養護教諭免許課程教職実践演習（H28、29、30、R1、3、4）

【その他、研修会、講演会など】
- 第8回「子どもと健康」研究フォーラム（H14）
- 第9回「子どもと健康」研究フォーラム（H15）
- 第11回「子どもと健康」研究フォーラム（H17）
- 第12回「子どもと健康」研究フォーラム（H18）
- 第23回「子どもと健康」研究フォーラム（H29）
- 第24回「子どもと健康」研究フォーラム（H30）
- 第50回「学校保健ゼミナール」（H23）
- 第58回「学校保健ゼミナール」（R1）
- 「学校保健ゼミナール」編集委員・講座司会（H28〜R1）
- 第3回養護教諭の現場力向上セミナー（H26）
- 全国保健室コーチング連絡協議会（H28）
- 両性の自立と平等をめざす教育研究会（R1）
- 「男性養護教諭友の会」第10回研修会（R4）

【メディア取材など】
- 朝日新聞「ハナマル先生保健学習授業」（H19）
- 朝日新聞社『AERA with Kids』2013年秋号（H25）
- 朝日新聞社『AERA』LGBT授業実践紹介（H29）
- 朝日新聞「フォーラム」LGBT授業実践紹介（H29.5.15）
- 朝日新聞「教育面」道徳授業（ジェンダー）紹介（H29.9.18）
- 『健康教室』（2021年6、7月号）対談（樋口桂氏）（R3）
- 『健康教室』（2021年10、11月号）対談（飯田亮瑠氏）（R3）
- 「三浦市版タウンニュース」人物紹介（R3）

オイカワ流ミニネタ保健教育

2023 年 2 月 23 日　初版第一刷発行

著　者　　オイカワヒロコ

発行者　　山本敬一

発行所　　株式会社 東山書房
　　　　　〒 604-8454 京都市中京区西ノ京小堀池町 8-2
　　　　　tel. 075-841-9278　fax. 075-822-0826
　　　　　IP phone.050-3486-0489

　　　　　〒 102-0073 東京都千代田区九段北 4-3-32-7F
　　　　　tel. 03-5212-2260　fax. 03-5212-2261
　　　　　IP phone. 050-3486-0494
　　　　　https://www.higashiyama.co.jp

印刷所　　創栄図書印刷（株）

定価はカバーに表示してあります。
ISBN978-4-8278-1593-1
Printed in Japan